経済統計で学ぶ
景気の見方と経済予測

小林慎哉著

文眞堂

はしがき

　本書は，経済学部で学ぶ学生を主たる対象とし，経済統計と景気の基本的な見方を体得することを目的として書かれたものである。経済学は社会科学であるので，自然科学のような実験を行うことができない。したがって，現実の経済現象を正しく理解するには，統計が重要なツールとなる。多くの大学において，経済学の学習体系は，マクロ経済学，ミクロ経済学といった基礎理論から始まり，金融，財政，国際経済，国際金融，計量経済といった応用科目へ展開していくが，その中で統計の見方そのものを扱った科目は意外と少ない。強いて挙げるとすれば，計量経済学でデータを使った分析を行う際に，扱うデータの解説がなされる程度であろう。経済学部生により経済学を身近に感じさせるには，理論的学習だけでなく，データによる現実の経済の見方を身につけさせることが有効である。さらに言えば，大学院へ進みより専門的に経済学を学習，研究する一部の学生を除き，多くの経済学部生は大学卒業後官公庁や企業などへ就職する。これら，実業の分野では経済統計の見方を熟知していれば大きな戦力となる。今後，大学経営を取り巻く環境が厳しさを増す中で，大学にはより実践的な人材の育成が求められるであろう。そのためには，統計の見方や，統計を使った分析（計量分析）を強化することが有力なメニューとして浮上する。

　さて，経済統計の解説を主たる内容とする類書は多く，本書もそれら先達たちの業績を大いに参考とさせていただいている。そのような中で，本書が目指した「付加価値」は単なる経済統計の解説書ではなく，日本経済を題材にしてデータの背景にある基礎理論とデータの見方を総合的に理解する点にある。第Ⅰ部では，景気の局面判断と景気指標，GDPといった文字通りマクロレベルの経済統計の見方から始まり，家計，企業，対外部門といった経

済主体別の統計や現在もっとも注目される雇用と物価の統計へと展開している。このような構成はマクロ経済学のテキストに準拠している。それは，消費関数や投資関数，GDPの三面等価，フィリップスカーブなどマクロ経済学の理論ツールをデータの見方とともに理解できるよう配慮したからである。

　第Ⅰ部を基礎編とすると，第Ⅱ部は応用編である。第Ⅰ部が統計による経済の現状理解を中心とするのに対し，第Ⅱ部は経済の先行きを予測する経済予測における経済統計の活用方法を紹介する。筆者は民間のシンクタンクで13年にわたり経済予測の実務に携わってきた。先行指標をはじめ，その経験から得た経済予測指標とその見方を解説し，しかる後に，短期，中期，長期各経済予測の実践例を紹介する。経済予測は学部学生の守備範囲を越えるかもしれないが，モチベーション（学習意欲）を高めるためのコンテンツとしてはふさわしいといえるであろう。また，第Ⅱ部については，企業の企画調査部門に勤務するビジネスマンなど社会人の方にも役立つ内容であると確信している。

　後述するように本書は筆者の単著であるが，多くの方々のサポートを得ている。ここに紹介して謝意に代える。愛知大学大学院生の玉井明子さんには読者の立場から原稿チェックを，同じく伊藤朋子さんにはデータ提供とグラフ作成をお願いした。田端克至氏（二松学舎大学）には株価先行指標の使用を快諾していただいた。また，本書第Ⅱ部の15，16章は筆者が国民経済研究協会在職時に手がけたアウトプットの一部である。同協会は2004年3月に58年余の歴史の幕を閉じたが，伊木誠会長（当時）からは「役に立つなら」と本書への掲載を快諾していただいた。

　最後に私事ではあるが，本書は筆者にとって初めての単著である。本書をこのようなかたちで世に送り出すことができたのは，多くの方々のご指導，ご支援のおかげである。学部時代の恩師である吉野直行先生（現慶應義塾大学教授）には実証分析の重要性と醍醐味を教えていただいた。大学院の恩師である堀家文吉郎先生（早稲田大学名誉教授）には広く学問へ取り組む姿勢を教えていただいた。また，故守屋友一氏（元日立総合計画研究所所長）にはエコノミストとしての心構えやノウハウを指導していただいた。文眞堂の

前野隆氏は本書の刊行を快く引き受けていただいた。同じく文眞堂の前野弘氏には編集面で的確なアドバイスをいただき，本書の改善に大いに役立った。このほか，いちいち名前を挙げることはできないが，筆者がこれまで勤務した日立総合計画研究所，国民経済研究協会，愛知大学経済学部の上司，同僚の方々，そして両親や家族に感謝の意を表するしだいである。

目　次

はしがき ………………………………………………………………… i

Ⅰ部　基礎編 …………………………………………………………… 1

1章　経済活動と経済統計 ……………………………………………… 3
　　1　経済学における統計の役割 ………………………………………… 4
　　2　経済統計の種類 ……………………………………………………… 4
　　3　経済統計の使途 ……………………………………………………… 8
　　4　経済統計の料理方法 ……………………………………………… 10
　　5　経済統計の限界 …………………………………………………… 11

2章　景気循環の諸局面と景気判断指標 …………………………… 15
　　1　「景気」の意味 …………………………………………………… 16
　　2　景気の局面判断について ………………………………………… 16
　　3　タイムスパン（期間の長さ）による景気循環の種類 ………… 17
　　4　景気循環のメカニズム …………………………………………… 21
　　5　景気判断指標 ……………………………………………………… 23

3章　GDPとその関連統計 …………………………………………… 27
　　1　SNA体系について ………………………………………………… 28
　　2　GDP統計 …………………………………………………………… 29
　　3　GDP統計の改訂とコモディティー・フロー法 ………………… 31
　　4　名目GDPと実質GDP ……………………………………………… 31

5　固定基準年方式から連鎖方式への移行 …………………………33
　　6　GDPの国際比較 …………………………………………………34
　　7　資本ストック統計 ………………………………………………35

4章　家計の経済活動と統計 ……………………………………………39

　　1　家計の経済活動の概観 …………………………………………40
　　2　個人消費関連の統計 ……………………………………………40
　　3　住宅投資の関連統計 ……………………………………………46
　　4　家計の支出行動と景気 …………………………………………49
　　5　家計のIT化 ………………………………………………………50

5章　企業・産業の経済活動と統計 ……………………………………53

　　1　企業活動の概観 …………………………………………………54
　　2　生産活動に関する統計 …………………………………………56
　　3　設備投資に関する統計 …………………………………………56
　　4　企業経営に関する統計 …………………………………………60
　　5　産業連関表 ………………………………………………………63
　　6　企業が生み出す利益について …………………………………65

6章　為替レートと貿易に関する統計 …………………………………69

　　1　為替レート ………………………………………………………70
　　2　輸出入と貿易収支 ………………………………………………72
　　3　直接投資と空洞化問題 …………………………………………73
　　4　国際間の資本取引と国際収支 …………………………………76
　　5　輸出構造の変化 …………………………………………………77

7章　物価動向と統計 ……………………………………………………81

　　1　物価統計の種類 …………………………………………………82
　　2　インフレとデフレ ………………………………………………83

3　データでみるデフレの要因 …………………………………85
　　4　物価における期待の役割 …………………………………88
　　5　物価変動が経済に与える影響 ………………………………89

8章　雇用動向と統計 …………………………………………93
　　1　有効求人倍率：労働市場の需給関係を示す統計 …………94
　　2　失業率統計：労働市場の余剰労働力を示す統計 …………95
　　3　就業構造に関する統計 ……………………………………100
　　4　IT化の進展と雇用 …………………………………………102

9章　金融政策・金融市場と統計 ……………………………105
　　1　金融政策手段に関する統計 ………………………………106
　　2　金融の量的指標に関する統計 ……………………………108
　　3　金融政策の効果を示す統計 ………………………………109
　　4　金融市場の統計 ……………………………………………110
　　5　金利の期間構造 ……………………………………………114

II部　応用編 ……………………………………………………117

10章　経済予測とは …………………………………………119
　　1　経済予測とその役割 ………………………………………120
　　2　経済予測の種類 ……………………………………………120
　　3　短期経済予測の手順 ………………………………………121
　　4　経済予測の活用方法 ………………………………………123
　　5　日本の経済予測機関と予測の評価 ………………………124

11章　景気の先行指標 ………………………………………127
　　1　先行指標の資格と注意点 …………………………………128
　　2　先行指標による方向性の検討1：景気全体 ……………128

3　先行指標による方向性の検討 2：個別項目 …………………… 130

12 章　内需の予測 ……………………………………………… 139

　　1　個人消費の予測 …………………………………………… 140
　　2　住宅投資の予測 …………………………………………… 142
　　3　設備投資の予測 …………………………………………… 144
　　4　財政の予測 ………………………………………………… 147

13 章　為替レートと外需の予測 ……………………………… 151

　　1　為替レートの予測 ………………………………………… 152
　　2　輸出の予測 ………………………………………………… 154
　　3　輸入の予測 ………………………………………………… 156
　　4　経常収支・国際収支 ……………………………………… 158

14 章　短期経済予測の実践 …………………………………… 161

　　1　手順・スケジュール ……………………………………… 162
　　2　景気の現状の確認 ………………………………………… 162
　　3　先行指標による展望 ……………………………………… 164
　　4　景気シナリオの作成 ……………………………………… 166
　　5　GDP 予測値の作成 ………………………………………… 167

15 章　中期経済予測の実践 …………………………………… 169

　　1　予測作業のタイミング …………………………………… 170
　　2　変容する中期経済循環 …………………………………… 170
　　3　日本経済が抱える構造問題解決の時間軸展望 ………… 176
　　4　日本経済の中期見通し …………………………………… 181

16 章　長期経済予測の実践 …………………………………… 187

　　1　人口減少と経済成長 ……………………………………… 188

2　日本の人口と潜在成長力 …………………………………190
　　3　日本経済の長期見通し …………………………………198
● さまざまな経済データの紹介 ……………………………各章間
参考文献 ……………………………………………………………207
索引 …………………………………………………………………208

図表目次

図 1-1a	名目個人消費（原系列）の推移	7
図 1-1b	名目個人消費（季節調整系列）の推移	7
図 1-2	消費者態度指数と耐久消費財出荷	9
図 1-3	可処分所得と個人消費	11
表 1-1	金額・量と指数	5
図 2-1	景気の局面判断	17
図 2-2	生産と在庫の循環図	18
図 2-3	日本のジュグラーサイクル（名目設備投資伸び率）	20
図 2-4	業況判断 DI（大企業製造業）と景気局面	24
表 2-1	景気動向指数（一致系列）の採用指標	23
図 3-1	パンにみる付加価値	30
図 3-2	名目 GDP と実質 GDP の推移	32
図 3-3	GDP デフレータの推移	33
図 3-4	世界の国別 GDP	35
図 3-5	生産能力に関する指標（製造業）	36
表 3-1	GDP の三面等価	30
図 4-1	所得の推移	41
図 4-2	平均消費性向の推移：月次，季節調整値	43
図 4-3a	平均消費性向（四半期）	43
図 4-3b	平均消費性向（月次・後方移動平均）	43
図 4-4	ローレンツ曲線	44
図 4-5	2003 年の住宅着工戸数の内訳	48
図 4-6	首都圏マンション販売の推移（前年同期比伸び率）	48
図 4-7	婦人服と紳士服の特徴（大型小売店）	50
図 4-8	主な耐久消費財の普及率の推移	51
表 4-1	2003 暦年の家計の所得・支出状況	40
図 5-1	貸出約定金利と名目設備投資	58

図 5-2	経常利益と名目設備投資	59
図 5-3	資本ストックと名目設備投資	59
図 5-4	売上高,経費と損益分岐点	61
図 5-5	労働分配率の推移(全産業ベース)	62
図 5-6	主な耐久消費財の普及率の推移	66
図 5-7	スマイル・カーブ	67
表 5-1	日本企業のバランスシート(全産業ベース)	54
表 5-2	日本企業の損益計算書(全産業ベース)	55
表 5-3	自動車の投入・産出	64
表 5-4	逆行列係数のランキング	65
図 6-1	円ドルレートの長期的推移	70
図 6-2	対米貿易収支と円ドルレート	71
図 6-3	対アジア直接投資と貿易収支	75
図 6-4	主要輸出品の構成比の推移	78
表 6-1	日本の貿易収支	72
表 6-2	直接投資と貿易の関係	74
表 6-3	2003年度の国際収支	77
図 7-1	消費者物価上昇率―国内企業物価上昇率	82
図 7-2	国内企業物価上昇率の長期推移	83
図 7-3	消費者物価(CPI)と国内企業物価(CGPI)上昇率	85
図 7-4	GDP ギャップと物価	86
図 7-5	輸入浸透度の推移	87
図 7-6	実質 GDP 成長率の推移	88
図 7-7	日本のフィリプスカーブ(1980-2003年)	90
図 8-1	有効求人倍率の推移	94
図 8-2	日本の完全失業率の推移	95
図 8-3	年代別完全失業率の推移	96
図 8-4	男女別完全失業率の推移	97
図 8-5	完全失業率と自然失業率の推移	98
図 8-6	男女別転職希望理由(比率)	101
表 8-1	職種別雇用者数	100
表 8-2	雇用形態別雇用者数	100
表 8-3	産業別平均継続就業年数	101

表 8-4	IT投資の雇用への影響	103
図 9-1	公定歩合とコールレートの推移	106
図 9-2	コールレートに追随する公定歩合	107
図 9-3	現金と預金の推移	108
図 9-4	VELOCITYと信用乗数の推移	109
図 9-5	貸出金利と預金金利，銀行の利ざやの推移	111
図 9-6	預金金利でみるイールドカーブ	114
表 9-1	銀行のバランスシート	111
表 9-2	無借金経営企業ランキング	115
表 10-1	経済予測のパターン	122
表 10-2	予測の強気派と弱気派	124
表 10-3	実質成長率・的中度ランキング	125
図 11-1	景気動向指数（先行系列と一致系列）の推移	129
図 11-2	営業利益と可処分所得の推移	131
図 11-3	消費者態度指数と平均消費性向の推移	132
図 11-4	貸家採算指数と貸家着工	134
図 11-5	マンション販売・契約率，分譲住宅着工	134
図 11-6	機械受注と設備投資の推移	135
図 11-7	円ドルレートと株価の先行指標	137
表 11-1	先行系列の採用系列	129
図 12-1	春闘賃上げ率と所定内給与	141
図 12-2	鉱工業生産と所定外給与	141
図 12-3	経済財政諮問会議の想定	149
表 12-1	住宅投資関数の計測結果	144
表 12-2	設備投資関数の計測結果	146
図 13-1	円ドルレートと購買力平価の推移	153
図 13-2	輸出の高付加価値化	156
図 13-3	日本の地域別貿易収支	158
図 13-4	輸入の高付加価値化	159
表 13-1	国際収支の発展段階	158
図 14-1	実質GDP成長率（季節調整済み・前期比年率）	163
図 14-2	生産と在庫の推移（季節調整値）	164
図 14-3	最近の消費者態度指数と平均消費性向	165

図14-4	雇用者報酬対名目GDP比	166
表14-1	主要予測機関の実質GDP成長率予測値	168
図15-1	製造業の資本ストックのvintage	172
図15-2	設備投資の決定要因（投資関数の推計結果）	172
図15-3	総負債残高の推移	173
図15-4	総負債と売上・経常利益	173
図15-5	貯蓄の増減要因	174
図15-6	消費関数の推計結果	174
図15-7	住宅ローンの控除額	175
図15-8	可処分所得に占める住宅ローン純減比率	176
図15-9	住宅ローン残高	176
図15-10	予備的貯蓄の推移	178
図15-11	金融資産対所得倍率	178
図15-12	正規雇用者の年齢別構成比	178
図15-13	予想成長率と実質金利	180
図15-14	資本ストックと資本係数	180
図15-15	負債整理と財務状況	181
図15-16	売上高有利子負債比率の見通し	181
図15-17	労働分配率と設備投資	182
図15-18	キャッシュフローと設備投資	182
図15-19	完全失業率の要因分解	183
図15-20	名目設備投資の見通し	184
図15-21	円ドルレートの見通し	184
表15-1	経常収支の見通し	185
表15-2	実質GDP成長率の見通し	186
図16-1	主要先進国の実質GDP成長率と人口増加率（いずれも5年平均）	189
図16-2	総人口の推移	191
図16-3	65歳以上人口比率	192
図16-4	労働力率（2001年）	192
図16-5	生産年齢（14〜64歳）人口比率	193
図16-6	労働力人口の推移（現状維持ケース）	193
図16-7	女性労働力率（2001年）の国際比較	194
図16-8	ケース別女性労働力人口の推移	194

図 16 - 9	総労働力人口の推移（女性労働力率一定）	195
図 16 - 10	65歳以上人口比率と消費性向	199
図 16 - 11	年齢階級別消費性向の推移	199
図 16 - 12	移民受け入れと財政収支	201
図 16 - 13	実質資本ストックの見通し	202
図 16 - 14	資本係数の見通し	202
図 16 - 15	円ドルレートの見通し	204
表 16 - 1	潜在成長力の推移(1)	196
表 16 - 2	潜在成長力の推移(2)	197
表 16 - 3	潜在成長力の推移(3)	198
表 16 - 4	経常収支の見通し	205
表 16 - 5	実質GDP成長率の見通し	206

コラム目次

コラム 1：マクロデータと企業経営：低下する連動性 ……………………12
コラム 2：在庫とビジネスチャンスの話（ムースポッキー編）………19
コラム 3：景気基準日付（景気の山・谷）の決定 …………………………25
コラム 4：拡大する所得格差 ……………………………………………………44
コラム 5：家計調査と GDP の違い ……………………………………………46
コラム 6：外国為替市場はどこにある？ ……………………………………72
コラム 7：直接投資統計の問題点 ………………………………………………75
コラム 8：成果報酬の是非 ………………………………………………………103
コラム 9：公定歩合とコールレートの先行・遅行関係 …………………107
コラム10：無借金経営とは ………………………………………………………115
コラム11：QE の予測（超短期予測）…………………………………………126
コラム12：「前向きの」消費性向上昇と「後ろ向きの」消費性向上昇 ………132
コラム13：機械受注統計について ……………………………………………136
コラム14：国内と海外の生産拠点 ……………………………………………146
コラム15：輸出入統計の種類 …………………………………………………155
コラム16：輸出の高付加価値化をどうとらえるか ………………………156
コラム17：輸入構造の変化と価格 ……………………………………………159

I 部

基礎編

第Ⅰ部では，経済統計と景気の基本的な見方を学習します。各統計が何を語っているのか，その背景にある経済理論と合わせて理解しましょう。

1章

経済活動と経済統計

《この章で学ぶこと》

この章では，経済統計をみる上での注意事項と利用方法などについて学習します。経済統計は，政府や企業などそれぞれの立場によって使途が異なります。また，料理にたとえれば統計は素材に相当するので，自分なりのメニューを増やしていきましょう。

1 経済学における統計の役割

　経済学は社会科学の1分野であり，対象は個人，企業，政府などの経済活動である。現在の世界経済の枠組みは貨幣を媒介として財・サービスの取引が行われる貨幣経済であるので，モノとカネの動きが主たる研究の対象となる。経済の動きを分析する際のアプローチ方法としては，理論的（あるいは定性的）アプローチと定量的アプローチの2つがある。理論的アプローチは理屈で考え分析することである。たとえば，個人消費の行方を考える場合，ケインズ型消費関数をよりどころにして，可処分所得と消費性向の動向から理詰めで考えるわけであるが，しかし，架空の世界ならともかく現実の経済を考える場合いくら完璧な理屈でも現実を説明できなければ意味をなさない。そこで，統計（データ）による事実確認，分析（定量的アプローチ）が必要となるのである。つまり，理論的アプローチと定量的アプローチは対立するものではなく，補完的なものと理解しなくてはならない。理屈で考え，データで確認する，あるいは逆にデータの動きをみながらその背景にある理屈を考えるといったスタンスを身につけることにより科学としての経済学が自分のものとなろう。

2 経済統計の種類

　ここでは，どの経済統計をみる上でも共通して必要となる基本的な知識を紹介しておくことにする。

(1) 金額・量と指数
　経済統計の大部分は量や金額など規模の大きさに関するものであるが，それを直接表わすものと，ある基準年を設け指数化したものがある。乗用車に関するデータでこれらの概念の違いを説明しよう。表1-1には，2004年1月の乗用車販売台数，販売金額，出荷指数が示されている。販売台数とは

1ヶ月間に売れた台数のことであるが，たとえクラウンなどの高級車でも，100万円を切る軽自動車でも1台は1台である。それに対し，販売金額の方はいくら売れたかであり，台数が少なくても価格の高い車がたくさん売れれば金額は膨れ上がる。また，出荷指数とは基準年（この場合は2000年）の出荷台数を100として，自動車メーカーの工場から何台の乗用車が出荷されたかを示すものである。たとえば，2000年の1ヶ月あたりの出荷台数が10万台だったとすると，2004年1月の出荷指数が100.1なので，この月の出荷台数は10万100台(10万×100.1÷100)となる。

表1-1　金額・量と指数（2004年1月）

乗用車販売		乗用車出荷台数
台数（台）	金額（億円）	2000年＝100
442,352	11,750	100.1

(2) 期種（年度・四半期・月次）

期種とは，統計をとるタイムスパンのことである。経済データの場合，年度・暦年（1年分），四半期（3ヶ月分），月次（1ヶ月分）のいずれかが大部分である。年度と暦年の違いは年度が4月〜3月までであるのに対し，暦年は1月〜12月までである。日本の会計制度は年度を単位としているので，1年通期のデータをとる場合は年度データが主となるが，海外は暦年データが一般的であるので，日本と諸外国を国際比較する時は暦年データをとって合わせることが多い。四半期は，通常1〜3月期を第Ⅰ四半期，4〜6月期を第Ⅱ四半期，7〜9月期を第Ⅲ四半期，10〜12月期を第Ⅳ四半期という。ただし，これは暦年ベースであり，年度ベースであれば，4〜6月期が第Ⅰ四半期となる。経済データの代表選手であるGDPは四半期単位で公表される。

(3) サーベイデータ

多くの経済統計は実際の経済活動の量をなんらかのかたちで表わすものである。ところが，直接経済活動を表わすものではなく，経済活動の担い手である民間経済主体（企業・個人）にアンケートを行い集計した統計がある。

これをサーベイデータという。サーベイデータの具体例としては，企業に対するアンケート調査として日本銀行「主要企業短期経済観測」(略称「短観」)，内閣府「景気ウオッチャー調査」，個人（家計）へのアンケート調査として，内閣府「消費動向調査」を挙げることができる。要するにサーベイデータとは，各経済主体のマインドを表わすと理解すればよいであろう。

景気や経済活動におけるマインド（消費マインド，投資マインドなど）や先行きへの期待（予想と言い換えてもよい）の役割は年々大きくなっており，サーベイデータの重要性も高まっているといえる。

(4) 原系列と季節調整系列

データは通常は「生」のままで使うが，場合によっては加工する必要が生じることがある。名目個人消費の四半期データを例に説明しよう。図1-1aには，2001年〜2003年の名目個人消費の四半期データが示されているが，まず，不規則な変動を繰り返していることがわかるであろう。よくみると，1〜3月期と4〜6月期が低く，7〜9月期と10〜12月期に上昇している。なぜだろうか？　クイズの問題のようだが，このなぞを解くカギはボーナスである。年2回支給されるボーナス（賞与）は日本特有の給与形態であるが，夏は6月か7月，冬は12月に支給されるのが一般的である。当然，ボーナスを含む四半期は他の四半期より消費が盛り上がるため，このような不規則変動がみられることになるのである。しかし，これでは個人消費のトレンドが堅調なのか不調なのかよくわからない。そこで，このようなデコボコをならし，すべての四半期を比較可能にする必要が出てくる。そのための作業を季節調整といい，季節調整が施されたデータを季節調整系列（あるいは季節調整値）というのである。図1-1bには名目個人消費の季節調整系列が示されているが，図1-1a（こちらを原系列という）と比べてあきらかにスムーズな動きになっている。なお，季節調整系列（図1-1b）の方が数値が大きくなっているのは，原系列は各四半期ごとの値であるのに対し，季節調整系列は年率換算（わかりやすくいえば4倍）してあるためである。季節調整の具体的手法は移動平均法をベースとしている。移動平均には後方移

動平均と中央移動平均がある．たとえば，後方5四半期移動平均の場合，その期を含めて過去5四半期の平均をその期の値とするのに対し，中央移動平均の場合はその期以外に過去2四半期，将来2四半期の合計5つのデータの平均をとり，その期のデータとする．計算された値のバイアスをなくすという点からは中央移動平均の方が望ましいが，中央移動平均の場合，最新値は将来のデータがないので計算に無理が生じるという欠点がある．内閣府が現在用いている X-12ARIMA ではこのような欠点を是正するため，時系列分析の一手法である ARIMA モデルを用いて将来値を予測し，移動平均を行って季節調整値を計算している．

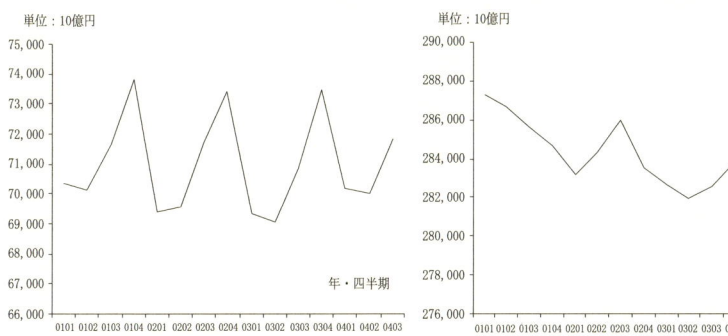

図1-1a　名目個人消費（原系列）の推移　　図1-1b　名目個人消費（季節調整系列）の推移

出所：内閣府．

(5) 水準と伸び率（前期比，前年比）

季節調整系列と原系列のいずれのデータを用いるかはケースバイケースである．ただし，共通していえることは水準で経済活動を評価することよりも，伸び率（上昇率）をとってみることの方が多いということである．経済成長率という言葉はほとんどの読者が聞いたことがあると思うが，これも経済の伸び率をとって景気を判断するということである．その場合に，元のデータが季節調整系列か原系列かによって伸び率のとり方が違ってくることになる．たとえば，2003年10～12月期の個人消費のデータの場合，季節調整系列なら前の期（7～9月期）からどのくらい伸びているかをとることに

なるし,原系列ならそれは意味をなさないので,前年の同じ四半期（2002年10〜12月期）と比較することになる。前者を前期比伸び率といい,後者を前年同期比伸び率という。季節調整系列は前期比伸び率で,原系列は前年同期比伸び率でみる,と覚えておくとよい。

3 経済統計の使途

　経済統計が利用する人の立場によってどのような使われ方をするか,いくつか具体的な事例を示したい。まず,政府の立場からみると,景気の判断指標としてGDP,景気動向指数（いずれも後述）を使う。景気の現状ないし先行きに暗雲が漂えば,財政金融政策を発動して景気の悪化を食い止めるか最小限に抑えるように対策を打つ。逆に過熱していると判断すれば,金融引き締めなどの手段で景気を抑制しようとする。一方,企業の側では自社をとりまく経営環境がこれからどうなっていくのか,それによって自社のビジネスをどう展開していけばよいのか,の判断材料として経済データを使う。企業経営は常にforward looking,つまり先行きをみるものであり,過去の実績値にはあまり関心は払われない。それは,経済の先行きを先取りしなければビジネスでは成功しないからである。たとえば,テレビメーカーのビジネスを例に説明しよう。最近のテレビ業界はデジタル家電ブームに沸いており,フラットテレビ（液晶テレビ,プラズマテレビ）やDVDの売れ行きが好調である。そこで,今後もこの好調が続くかどうかを考えることにする。デジタル家電の買い手は個人である。したがって,まず,個人消費が伸びるかどうかが重要なポイントとなる。個人消費＝可処分所得×消費性向であり,可処分所得は消費の原資,消費性向は消費マインドである。短期的には消費マインドが消費の変動の大きな要因になっている。特に,先述のデジタル家電のような耐久消費財は高額品なので所得はもとより消費マインドが盛り上がらないと需要は増えない。先行きの消費マインドを表わす統計としては内閣府「消費動向調査」に収録されている消費者態度指数を挙げることができる。図1-2は耐久消費財出荷と消費者態度指数の推移を示したもので

ある。両者の動きをみると，消費者態度指数の動きに遅れて耐久消費財出荷が追随する規則性がみられる。これは，① 耐久消費財需要が増加しても，当面は流通在庫の取り崩しで対応するので，工場からの出荷がすぐには増えない，② 消費マインドが盛り上がってから耐久消費財の需要が顕在化するまで時間がかかる，の2つを反映していると思われる。① に関しては，流通段階を考慮する必要がある。つまり，需要の最前線は小売店であり，生産者（工場）までは，小売⇒2次卸売⇒1次卸売⇒工場という流通段階があるということである。したがって，需要増加にはまず流通在庫（卸売業者の倉庫などにストックされている分）で対応し，それが適正水準を下回って初めて工場からの出荷が増えるということである。90年代後半以降ラグ期間が短くなっているのは，IT化の進展などで流通の簡素化が進んだことが背景にあるとみられる。② に関しては人間の意思決定に関する問題で，経済学というより心理学の範疇かもしれないが，耐久消費財は高額なので，意思決定ラグ，行動ラグなど人間の行動の各プロセスで発生するラグ（遅れ）が原因であると考えられる。

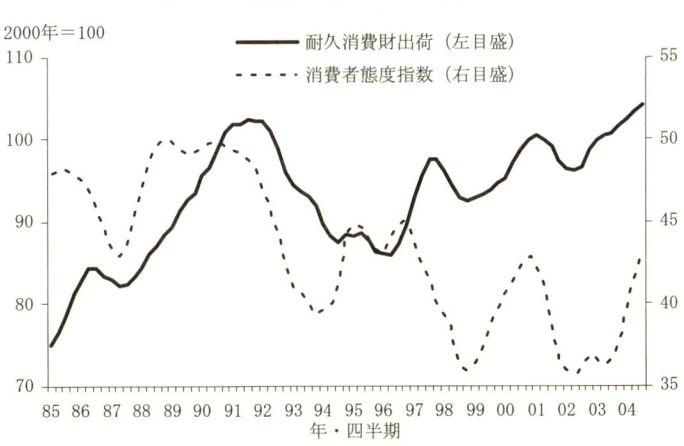

図1-2 消費者態度指数と耐久消費財出荷

注：いずれも季節調整値，後方4四半期移動平均。
出所：内閣府，経済産業省。

4 経済統計の料理方法

3節で述べた経済統計の使途は料理にたとえるとデータを料理せず生のままで使うケースを紹介したわけだが，ここでは，データを使ってより深い(専門的な)分析を行う手法を簡単に紹介したい。経済学の中には計量経済学という分野があり，経済のある動きがどのような理由，要因で動くかをデータとパソコンを使って分析する。計量経済学でもっとも一般的な手法を最小二乗法というが，具体的な分析事例を交えつつ最小二乗法の使い方を解説してみたい。

計量分析を行うには，まず，何を分析するのか(分析対象)を決定しなくてはならない。そして，それがどのような要因で動くのか自分なりに考えてみる必要がある。これを仮説立案といい，ここまでは頭を使って理論的に考えるわけである。しかし，理論的に完璧でも必ずしもそれが正しいとは限らない。そこで，データを使って仮説が正しいかどうかを検証する作業が必要になる。整理すると，① 分析対象の決定，② 仮説立案，③ 最小二乗法による分析というのが計量分析の大まかな手順になる。具体例の一番目としてケインズ型消費関数を取り上げる。消費関数とは，家計の消費がどのような要因によって決まるかを示す理論モデルであり，その中で代表的なものがケインズ型消費関数である。ケインズ型消費関数では，消費は当期の可処分所得によって決まるとされ，以下のような式で表わされる。

$C = c_0 + c_1 \cdot YD \quad (c_0 > 0, \ 0 < c_1 < 1)$

※ C：消費，c_0：基礎消費，c_1：限界消費性向，YD：可処分所得

可処分所得が多いほど消費額が増えるのは当然のことであるが，問題は限界消費性向(c_1)がどの程度の数値を示すかである。たとえば，政府が所得税減税を行って，消費を喚起し景気をよくしようとしたときに，c_1 がわかればいくら減税すればどれだけの効果があるかわかる。図1-3は，80年以降の可処分所得と民間消費のデータをプロットしたグラフであるが，右上がりの直線が1本引かれている。この直線を回帰線といい，最小二乗法ではこ

の回帰線の式，より具体的には c0 と c1 を求めるのである（詳しくは計量経済学の教科書を参照願いたい）。下記の式は，80 年度から 2003 年度までの可処分所得と消費の年度データを用いて筆者が推計したケインズ型消費関数の推計結果である。それによれば，c0 はマイナス 23 兆円，c1 は 0.913 である。この結果は，所得税減税によって可処分所得が 1 兆円増加すれば民間消費は 9,130 億円増加することを示している。

$$C = -23,473 + 0.913 \cdot YD$$

図 1-3　可処分所得と個人消費（単位：10 億円）

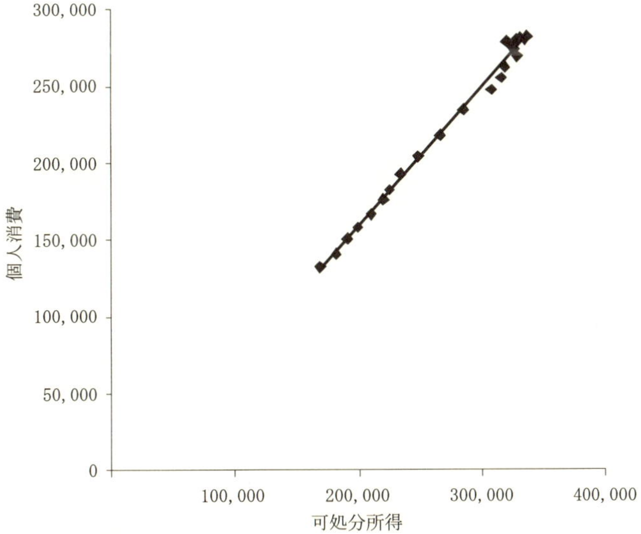

出所：内閣府。

消費関数の計測は政府が政策立案のために経済データを利用して計量分析を行う一例であるが，このほか民間企業ならば自社製品の需要予測に用いたり，シンクタンクなら経済予測に用いたりとその用途は広い。

5　経済統計の限界

これは経済学に限らず社会科学全般に言えることであるが，理学や工学と

いった自然科学と違い実験を行うことができない。そこで，まずは次章以降で紹介するようなデータを利用して fact finding（事実確認）を行い，経済活動をとらえることになる。さらに，実験の代わりとして，前節で例示したような消費関数や投資関数などの理論モデルに過去のデータを当てはめ因果関係を明らかにする計量分析およびその結果をもとにしたシミュレーションが重要な役割を果たすことになる。ところが，自然科学に比べてむつかしいのは全く同じ状況を再現することができないという点である。前節で紹介した消費関数にしても，大まかな所得と消費の関係を示してはいるが，では仮に今年度1兆円の所得税減税を行った場合，実際に消費をどれだけ押し上げるかはやってみなければわからない。したがって，統計を使った分析にはある程度の幅をもってみる必要がある。また，統計のラグ（遅れ）も無視できない問題点である。たとえば，1～3月期のGDP統計は5月前半に発表されるが，1ヶ月以上のラグを伴うことになる。データの集計や加工にかかる時間を考慮すればラグをなくすことは不可能であり，ラグとうまくつきあうことを考えなくてはならない。GDPの場合，各項目を推計するための基礎統計（1次統計という）は事前に発表されているので，それを利用して発表されるGDPの数値を予測すれば，少しはラグを短縮できる。

　以上，統計による分析の問題点や限界を指摘してきたが，これらはいずれもいわば「使用上の注意」であって，統計による分析の有効性を否定するものではない。理論的な知識にデータの見方やデータを使った分析ノウハウを体得すればまさに「鬼に金棒」，日経新聞や主要新聞の経済面を読むときにも自分なりのオリジナルな読み方ができるようになるであろう。

<コラム1：マクロデータと企業経営：低下する連動性>
　企業経営にとって世の中の景気はもっとも重要な要素である。景気がよければ売上が増えることが期待される。したがって，マクロデータの代表であるGDP（かつてはGNP）がどうなるかに企業経営者は大きな関心を払う。しかし，最近は景気などマクロデータと企業経営の連動性が低下している。それは，右肩上がりの経済成長の終焉，グローバル化や規制緩和

による競争激化などを背景としている。かつては，各業界でトップでなく2番手，3番手の企業でも景気がよくなればそれなりの恩恵を享受できたが，いまは，いわゆる「勝ち組」と「負け組」が鮮明になってきており，勝ち組企業でないと好景気でも利益が得られなくなっている。市場が拡大している薄型テレビやパソコンなどで，着実に利益を稼いでいる企業がある一方で，富士通（プラズマテレビ），IBM（パソコン）など市場から撤退する有力メーカーが続出していることは，典型的な事例であろう。

本書ではさまざまな経済データを紹介しています。本書を読まれて自分で経済データをダウンロードし，グラフを作ったり分析したりしてみたいと思われる読者のために，本論の合間に主なデータおよびデータ作成方法の出所（インターネットのURL）を掲載します。ここでは，本書で紹介する経済データを管轄する各省庁の統計サイトのURL（日本銀行を含む）をまとめました。

内閣府：
　　　http://www.esri.cao.go.jp/index.html
経済産業省：
　　　http://www.meti.go.jp/statistics/index.html
財務省：
　　　http://www.mof.go.jp/#toukei
厚生労働省：
　　　http://www.mhlw.go.jp/toukei/itiran/index.html
総務省：
　　　http://www.stat.go.jp/
国土交通省：
　　　http://www.mlit.go.jp/toukeijouhou/toukei-jouhou.html
日本銀行：
　　　http://www.boj.or.jp/stat/stat_f.htm
※　次は26ページ

2章

景気循環の諸局面と景気判断指標

《この章で学ぶこと》

この章では，景気とその関連統計の見方について学習します。我々は日常生活の中で何気なく「景気がよい」とか「景気が悪い」とか言いますが，この章を読むことによって，感覚的にではなく客観的に景気を判断，理解する能力を身につけましょう。

1 「景気」の意味

景気という言葉は経済活動の状態を意味する。もう少し細かく見ると，景気の「景」は景色を，「気」は気分を表わす。景気のよい悪いを考える上で，実は気分（マインド）が無視できない要素なのである。特に，景気の行方に対して大きな影響を与える設備投資と個人消費の場合，企業と個人のマインド（投資マインド，消費マインド）がきわめて重要な役割を果たす。詳細はそれぞれの章で説明するが，たとえば，個人消費の場合いくら所得が増えても消費を増やそうという意欲が盛り上がらない限り消費は増えず，貯蓄に回ってしまう。貯蓄は将来の消費や設備投資の原資となるが，現在の景気にはマイナスの影響を与える。

2 景気の局面判断について

景気はよい局面と悪い局面が交互に訪れる。これを景気循環という。景気循環における各局面を示す用語としては，好況，不況，好景気，不景気などが一般的であるが，これはよいか悪いかの2つのみを示す場合の呼称であり，二局面法という。これに対し，より細かく分類する考え方を四局面法という。四局面法では，景気の局面は拡張期，好況期，後退期，不況期に分類される。景気の局面判断には景気の「方向」でみるのか，「水準」でみるのかで2つの考え方がある。前者はミッチェルの局面判断，後者はシュンペーターの局面判断という。四局面法では，水準と方向を組み合わせて判断する。

　図2−1は縦軸に経済活動の水準を横軸に時間をとっている。実線は時間とともに経済活動の水準が上下する様子を示しているが，これが景気循環である。ミッチェルの局面判断では，経済活動の水準が高かろうが低かろうが方向が上を向いていれば好況，下を向いていれば不況となる。したがって，景気の転換点はA（不況⇒好況：谷），B（好況⇒不況：山）となる。これ

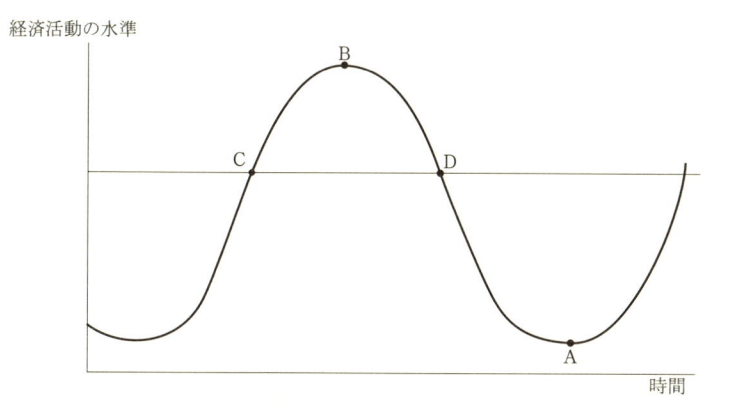

図 2-1 景気の局面判断

に対し，シュンペーターの局面判断では，方向が上を向いているか下を向いているかに関係なく水準で景気を判断する。図2-1においてC，Dが水準でみて中間に位置するが，これが景気の転換点になる。すなわち，Cが不況から好況への転換点（谷）であり，Dが好況から不況への転換点（山）である。

一般的には，景気の局面判断は「方向」，つまりミッチェルの考え方にしたがうことが多い。たとえば，後ほど景気判断指標の代表として紹介する景気動向指数はこの考え方にしたがって作成された統計である。

3 タイムスパン（期間の長さ）による景気循環の種類

(1) キチン・サイクル

景気循環はどれくらいのタイムスパンで見るかによっていくつかの種類にわかれるが，もっとも重要なのが短期のサイクル（1周期3〜4年）で，これをキチン・サイクルという。キチン・サイクルは生産と在庫の循環に注目した景気循環のとらえ方である。図2-2は99年1月以降の生産と在庫（前年同月比伸び率）の推移を示したものであるが，おおむね反時計回りの円を描いていることがみてとれる。景気の局面との関係でいうと，必ずしも生産

18　I 部　基礎編

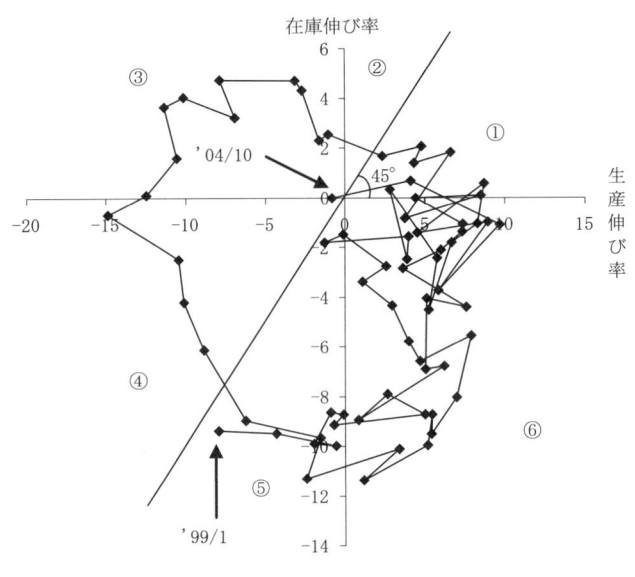

図 2-2　生産と在庫の循環図

注：前年比伸び率％。
出所：経済産業省。

が増えていれば景気がよいというものではない。というのは，最終的に景気を決定するのは生産ではなく販売（＝需要）だからである。生産，販売，在庫の関係は生産－販売＝在庫である。したがって，図 2-2 において，景気の局面判断に重要なのは生産が伸びているかどうかではなく，生産と在庫の伸び率の関係なのである。

　たとえば，第 I 象限では生産が増加しているが，①のエリアと②のエリアでは局面が異なる。①では生産の伸び率＞在庫の伸び率となっている。これは，生産以上に販売が伸びていることの証しであり，景気はよいのである。しかし，②では生産の伸び率＜在庫の伸び率である。これは，販売の伸びが鈍ってきた結果，在庫（この場合は意図せざる在庫＝売れ残り）が増加していることを意味しており，②では景気は下降局面（不況）を迎えていると解釈できる。したがって，①と②の境にある 45°線が好況⇒不況への景気の転換点となる。③のエリアは生産の伸び率がマイナスで在庫の伸

び率がプラスとなっている。これは、生産を減らしているにもかかわらず販売の減少に追いつかず在庫が増加しているという状況であり、景気は最悪の局面にあるといってよい。④になると改善の兆しがみえる。生産の伸び率は依然としてマイナスだが、減産の効果が出て、在庫が減少に転じてきたのである。さらに⑤になると先ほどの②の逆で、伸び率はどちらもマイナスだがマイナス幅は生産より在庫の方が大きい。これは、販売が回復してきていることを意味している。ここでも45°線が景気の転換点（不況⇒好況）になっているのである。そして、⑥は増産に転じている（生産の伸び率がプラス）ものの、販売の伸び率が高いため、在庫が減少し続けているのである。それだけ、景気がよいということである。

先に在庫は少ないほうがよいと述べたが、少なすぎてもまた困るのである。たとえば、何かの理由である商品の需要が盛り上がり売り切れになったとする。このときメーカーや問屋に在庫があればすぐに対応できるが、なければせっかくのビジネスチャンスを逃してしまう（コラム2）。このように、在庫には、本当は売りたかったのに売れ残ってしまったもの（意図せざる在庫）と将来の需要増加に備えた前向きのもの（意図した在庫）の2つがあるのである。以上がキチン・サイクルの1周期であるが、近年周期が短くなる傾向にある。これは、本格的な景気回復がなくなった代わりに深刻な景気後退もないことを示している。

<コラム2：在庫とビジネスチャンスの話（ムースポッキー編）>

企業が新製品を世の中に送り出すとき、もっともむつかしいのが生産数量をどのくらいに設定するかである。もちろん、事前に市場調査などを十分した上で生産数量を決定するのだが、過去の実績がないだけにヒットするかしないか、実際にどれだけ売れるかは販売を開始してみないとわからない。慎重になりすぎて生産数量が少なければ、ヒットしたときにビジネスチャンスを失うことになり、逆に多過ぎれば売れ残りが損失をもたらすことになる。

前者のケース、つまりメーカーの予想以上に売れてしまい、生産体制が追いつかず、生産（販売）中止に追い込まれたケースを紹介しよう。グリ

コが販売しているムースポッキーという商品がある。ムースポッキーは2000年1月11日に関東地区で販売が開始されたが注文が殺到して生産が追いつかなくなり，わずか2週間後の1月24日にいったん販売休止。その後，設備投資をして生産能力を当初の4倍に増強して同年8月に販売を再開した。グリコにとってはこの7ヶ月に失った売上，利益は少なくなく，新製品投入の難しさを教えられる。ちなみに同時期に類似製品「フラン」を投入した明治製菓も同様の状況に陥っている。

(2) ジュグラー・サイクル

キチン・サイクルが生産と在庫の循環に着目した短期の景気循環であったのに対し，ジュグラー・サイクルはもう少し長く5年〜10年程度の中期循環であり，設備投資の増減に着目した景気循環である。設備投資は5〜10年程度の周期で大きな振幅を繰り返すことが経験的に明らかになっている（図2-3）。これは偶然の産物ではなく，企業の投資行動に起因するものである。

図2-3　日本のジュグラー・サイクル（名目設備投資伸び率）

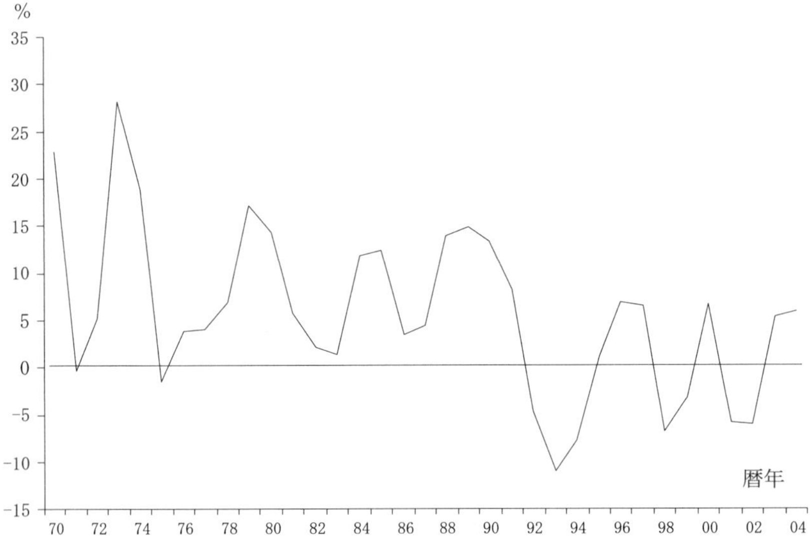

出所：内閣府。

企業は生産能力を増やすとき（新規投資）や，老朽化した既存の設備を新しい設備に置き換えるとき（更新投資）に設備投資を行うが，更新の周期がだいたい5～10年であり，ジュグラー・サイクルはこの更新投資の周期に着目するのである。

　先述のキチン・サイクルとジュグラー・サイクルではジュグラー・サイクルの方が周期が長いため，ジュグラー・サイクルという大きな波の中に，キチン・サイクルという小さい波がいくつかあることになる。キチン・サイクルでもジュグラー・サイクルでも上昇局面にあるときはその分経済成長率が高くなり，どちらも下降局面にあるときは低くなるのである。

4　景気循環のメカニズム

　景気はなぜよくなったり悪くなったりするのだろうか。「景気がよい状態が永遠に続けばよいではないか」とは誰もが思うことである。しかし，好景気も不景気も永遠には続かないようになっているのである。キチンサイクルの説明である程度理解できたと思うが，景気のよい悪いは需要と供給の関係によって決まる。需要＞供給であれば景気はよくなり，需要＜供給ならば景気は悪くなる。好景気が長続きしないということは，需要＞供給の関係が長続きしないということでもある。以下では，そのような景気循環のメカニズムに迫ってみたいと思う。

　まず，どういう場合に好景気を実感するかを，自分がある企業のサラリーマンになったと想定して考えてみよう。サラリーマンが好景気を実感するのは，会社の売上が伸び仕事が忙しくなり自分の給料が増えるようなときであろう。売上が増えるのは，自社製品への世の中の需要が増えたときである。需要の主体は，企業，個人，政府，海外のいずれかであるが，ここでは，企業と個人が主導するケースを考えることにする。

(1)　企業主導の景気循環

　企業の経済活動の最大のものは設備投資である。設備投資は企業が生産能

力を増強する，ないし，老朽化した既存の設備を更新するために行われるものである。設備投資がGDPトータルに占めるシェアは14.9％（2003年実績）にすぎないが，振幅が大きいため景気を大きく動かす要因になるのである。たとえば，ある4人のグループがあったとしよう。A，B，Cの3人は非常に温厚で喜怒哀楽をあまり表に出さないが，Dは気分屋で機嫌のよいときと悪いときの差が大きいとすると，グループ全体の雰囲気はDの機嫌に大きく左右されることになる。グループ全体をGDPとすると，Dに相当するのが設備投資である。しかし，これがむつかしいところなのだが，設備投資は生産（＝供給）能力を高めるための行動なので，設備投資を行っている時点（今期）では産業機械の購入などから需要の構成要素であるにもかかわらず，翌期は供給能力になる。これを投資の二面性といい，設備投資が増え続けると供給能力が需要を上回るようになり，やがて企業は設備投資を減らすようになる。そうしないと，設備稼働率が低下し企業には損失が発生してしまう。このような二面性のゆえに設備投資の振幅は大きくなり，景気循環が生まれるのである。

(2) 個人（家計）主導の景気循環

　GDPトータルに占める個人消費の比率は日本の約60％に対し，米国は約70％と米国の方が大きくなっている（その代わり，設備投資の比率は日本の方が高い）。したがって，米国では景気に与える個人消費の影響が大きいのに対し，日本の方はそれほどではない。個人消費が景気に影響を与えるというより，他の要因（設備投資や輸出）で景気が決まってから個人消費が決まるという感じである。ただし，最近は徐々にではあるが個人消費が景気に与える影響も強くなりつつある。独立消費といわれる分野がそれであるが，たとえば携帯電話やインターネットなどIT関連支出や自動車，家電など耐久消費財が該当する。長引く景気低迷で家計の所得は伸び悩んでいるが，それは平均であって高額所得者の比率はむしろ上昇している。つまり，所得格差が大きくなっているのである。高額所得者は，高級マンションに住み，プラズマテレビなど高額消費を謳歌している。このような独立消費が景気を主導

するという姿が今後ますます日本経済でみられるようになるであろう。

5 景気判断指標

景気がよいか悪いかを判断するということは経済活動が上を向いているのか下を向いているのかを判断するということである。経済活動の規模という点ではGDPの右に出る統計はなく，当然景気判断指標の候補としても第一にノミネートされてしかるべきだが，景気判断の指標として満たすべき条件は規模の大きさだけではない。むしろ，規模の大きさよりも速報性，わかりやすさなどの方を優先する傾向がある。景気判断の指標としてもっともよく利用されるのが，内閣府から月次で発表される「景気動向指数」である。景気動向指数（DI）には，一致系列，先行系列，遅行系列の3つがあり，一致系列が景気の現状を示すものである。景気の山と谷を正式に決定する内閣府の景気基準日付検討委員会でも，景気動向指数（DI）をベースに作成されたヒストリカルDIが判断材料となる。同指数は11個の経済データ（表2-1参照）のうち3ヶ月前より改善したデータの割合を示している。したがって，50より高ければ景気はよいと判断でき，50を下回れば景気は悪いと判断できる。

表2-1 景気動向指数（一致系列）の採用指標

・鉱工業生産指数
・鉱工業生産財出荷指数
・大口電力使用量
・製造業稼働率指数
・製造業所定外労働時間
・投資財出荷指数（輸送機械除き）
・百貨店販売額
・商業販売額指数（卸売業）
・全産業営業利益
・中小企業売上高
・有効求人倍率

景気動向指数以外の景気判断指標としては経済産業省「鉱工業生産指数」，日本銀行「短観」，内閣府「景気ウオッチャー調査」などを挙げることができる。鉱工業生産指数はキチン・サイクルで紹介したのでここでは省略する。日本銀行「短観」の業況判断DIは3ヶ月に1度のアンケート調査で業況がよいと答えた企業から悪いと答えた企業の割合を引いたデータである。図2-4には業況判断DIと景気の局面（好況，不況）が示されているが，業況判断DIの動きが景気とほぼ一致している。業況判断DIは企業のマイ

図2-4　業況判断DI（大企業製造業）と景気局面

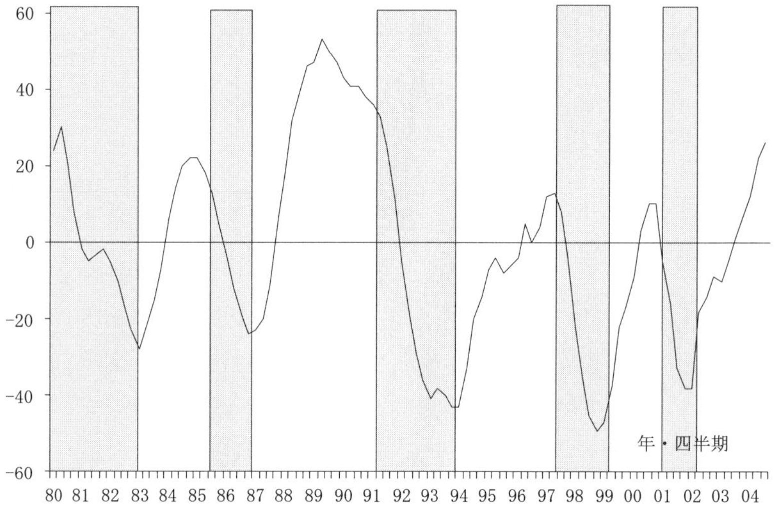

注：シャドー部分は景気後退期。
出所：日本銀行，内閣府。

ンドを表わしており，景気の「気」が気分の「気」であることがよくわかるであろう。

　内閣府や日本銀行などが月次経済報告で「景気は回復に向かっている」と言っても，「実感がわかない」「儲かっているのは企業だけで労働者には恩恵がない」などといった反論がしばしば聞かれる。このような政府の景気判断と国民の実感との乖離は珍しいことではないが，バブル崩壊後年々顕著になっているように思われる。このような状況をふまえて，国民の実感をより直接的に反映した景気指標を作成しようという考えにもとづいて，2000年より調査・公表を開始したのが景気ウオッチャー調査である。同調査は月次調査で，地域別に家計関連，企業関連，雇用関連の3つの職種の人たちにそれぞれの立場からみた景気動向についてアンケートを行うものである。この調査の特徴として，タクシー運転手，百貨店店員など景気に敏感に反応するといわれる業種の人たちを意識的に対象としている点を挙げることができる。まだ，歴史の浅い統計であるのでユーザー側の評価が確立しているわけ

ではないが，従来の景気判断指標を補完する役割を果たすものとして今後の発展が期待される。

> **＜コラム3：景気基準日付（景気の山・谷）の決定＞**
>
> 　景気の山・谷は内閣府が主催する景気基準日付判定会議において決定される。ここでは，景気動向指数の一致系列をもとにヒストリカル DI を作成し，それによって山・谷を決定する。ヒストリカル DI の作成手順は，① 一致系列（11 系列）のそれぞれについて山・谷を決定する，② 各系列の山から谷までの期間を−，谷から山までの期間を＋とする，③ 各月ごとにプラスの割合を計算し，50 を下から上へ切る点を谷，上から下へ切る点を山と判定する，である。
>
> 　細かい技術的なことは省略するが，景気の山・谷の判定には時間がかかり，1 年以上たってから「実は 1 年前が山でした。」ということが常態化している。しかし，それでは情報としての価値がほとんどないため，景気判断の早期化が今後の 1 つの課題といえる。

・2 章で紹介するデータの出所

   景気動向指数（内閣府）：
        http://www.esri.cao.go.jp/jp/stat/di/di-summary.html
   鉱工業生産・在庫指数（経済産業省）：
        http://www.meti.go.jp/statistics/index.html
   業況判断 DI（日本銀行「短観」）：
        http://www.boj.or.jp/stat/stat_f.htm
   ※　次は 38 ページ

3 章

GDP とその関連統計

《この章で学ぶこと》

この章では，経済統計の代表であるGDPおよびその関連指標について学習します。GDPは，国際的に規格統一されたSNA体系という経済統計の体系に組み込まれており，一国の経済規模を表わすと同時に景気判断のバロメーターでもあります。GDP統計の種類，作成方法から見方までをワンスルーで解説します。

1 SNA 体系について

　SNA とは，System of National Accounts の略であり，日本語訳は国民経済計算体系となる。一国経済全体を体系的にとらえるため国連主導で作成された体系であり，日本でも内閣府（以前は経済企画庁）が SNA 体系を採用して，主要な統計を作成している。ここでは，SNA 体系の仕組みと具体的なデータを紹介する。

　経済はフローとストックからなる。フローとストックの違いは以下の通りである。フローとはある一定期間における経済取引のことであり，ストックとはある時点（たとえば月末）での残高のことである。経済データはすべてフローかストックのいずれかに属する。具体例を挙げて説明しよう。

　フローデータの代表は GDP であるが，GDP の定義は「一定期間に取引された財・サービスの付加価値の合計」である。GDP の場合，一定期間とは四半期か年度ないし暦年である。四半期データの場合，当該四半期の終了後1ヶ月強後（1〜3月期のデータは5月前半）に内閣府から公表される。これを1次速報といい，その時点で得られるデータを最大限駆使して推計作業が行われるが，1ヶ月強後では使えるデータに限りがある。したがって，1次速報は暫定値となりさらに1ヶ月後の2次速報で改定値が発表される。最近は GDP 統計の速報化が進んでいるため，2次速報での改定幅が大きくなる傾向にある。我々は景気がどうなっているかを知るために経済統計を利用するので，統計の速報化は利用者にとって歓迎すべきことであるが，その分正確性が犠牲にされる。速報性と正確性はいわばトレードオフの関係にあり，両立させるのは困難である。よって，このような特徴をよく理解した上で利用することが求められる。このほかに，フローデータとしては百貨店売上，経常利益，貿易（輸出入）などを挙げることができる。

　ストックデータの代表はマネー・サプライである。マネー・サプライとはある時点で世の中に出回るマネー（貨幣）の総量であり，日本銀行より月次で公表される。平残（平均残高）と末残（末日残高）の2種類があり，平残

は月中の平均残高であり，末残は末日の残高である。一般には平残の方が注目される。末残の場合末日に異常な動きがあった場合それが直接反映されてしまうのに対し，平残であれば多少の異常値はならされるので，データとしての信頼性が高いと考えられるからである。なお，マネー・サプライについては，9章2節でもとりあげているので参照されたい。このほかのストックデータとしては，資本ストック，人口（経済データではないが）などを挙げることができる。

SNA体系の各データは内閣府から発表される「国民経済計算年報」に収録されているが，その中でフローのデータはGDP，各経済主体の所得支出勘定および産業間の投入，産出関係を示した産業連関表である。一方，ストックのデータは前出の資本ストックのほか，国民資産負債勘定，耐久消費財ストックなどがある。以後，2～6節でフローデータの代表であるGDPについて，7節でストックデータの代表である資本ストックについて詳述する。

2　GDP統計

一国の経済活動をフローの面からとらえたのがGDPである。GDPはGross Domestic Productの略であり，日本語では国内総生産と訳される。ところが，三面等価という言葉で表わされるように，生産・支出・分配の3つの側面を持ち，どこに注目するかによって呼び方も変わってくる。先述した四半期ごとの速報は支出ベースで発表される。支出ベースの統計が作成に要する時間がもっとも少ないからである。したがって，四半期統計の場合は正確にはGDPではなくGDE (Gross Domestic Expenditure：国内総支出）ということになる。表3-1には，2001暦年のデータによるGDPの三面等価が示されている。生産は産業ごとの生産額が，分配はどの経済主体にどれだけ分配されたかが示されている。支出は各経済主体ごとに何にどれだけ支出されているかを示す。

ところで，GDPの定義について付加価値という言葉を用いたが，これは

表 3-1　GDP の三面等価（2001 暦年、10 億円）

(1) 生産面から見た GDP

産業	金額
農林水産業	6,973
鉱業	663
製造業	104,231
建設業	35,762
電気・ガス・水道業	14,495
卸売・小売業	70,525
金融・保険業	33,637
不動産業	67,384
運輸・通信業	32,162
サービス業	104,720
＜政府サービス生産者＞	
電気・ガス・水道業	4,912
サービス業	14,183
公務	28,027
＜対民間非営利サービス生産者＞	
サービス業	9,358
＜その他＞	
調整項目	▲ 19,575
合　計	507,455

(2) 分配面から見た GDP

項目	金額
雇用者所得	277,130
営業余剰・混合所得	85,956
固定資本減耗	99,094
生産・輸入品への関税	42,912
補助金（控除）	4,124
その他（調整項目）	▲ 1,760
合　計	507,455

(3) 支出面から見た GDP

支出項目	金額
民間最終消費支出	286,240
民間住宅投資	19,022
民間企業設備投資	77,603
公的固定資本形成	33,411
政府最終消費支出	88,098
在庫品増加（民間・公的）	▲ 92
財貨・サービスの輸出	52,567
財貨・サービスの輸入（控除）	49,393
合　計	507,455

どういう意味かをパンの製造工程を例に説明してみよう。パンの原料は小麦粉であるが（イースト菌は無視する），小麦粉の原料は小麦である。したがって，小麦から小麦粉を作り，小麦粉からパンを作るという手順で考える。たとえば，100 の小麦粉から 120 の小麦粉ができて，120 の小麦粉から 150 のパンができるとする（図 3-1）。このとき，パンそのものの付加価値はいくらかというと，150 ではなく 30 である。なぜなら，150 のうち 100 は小麦で，20 は小麦粉ですでに計上されており，パンの生産段階で計上してしまうとダブルカウント（二重計算）となってしまい，パンの生産量が過大評価されてしまうからである。この

図 3-1　パンにみる付加価値

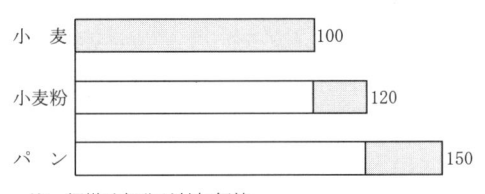

小　麦	100
小麦粉	120
パ　ン	150

注：網掛け部分が付加価値。

ようにダブルカウントを避けて計算することを付加価値というのである。GDP は付加価値の考え方にもとづいて計算されている。

3　GDP 統計の改訂とコモディティー・フロー法

　GDP 統計は，四半期ごとに発表される速報と年度トータルを別途推計する確報からなる。四半期ごとに発表される速報は QE (Quarterly Estimate) といい，速報性を重視し各需要項目ごとに異なる 1 次統計から推計を行う。需要サイドから推計を行うのは，需要サイドの 1 次統計の方が速報性が高いからである。QE には，前述のように当該四半期終了後 1 ヶ月あまり後に発表される 1 次速報とさらにその後に発表される 2 次速報がある。これに対し，確報は需給両サイドから推計を行うもので，こちらは正確性をより重視しているといえる。確報の推計にあたり用いられる手法がコモディティー・フロー法という供給サイドからのアプローチである。コモディティー・フロー法とは，まず，各財・サービスの供給側の統計より総供給額を求める。次に，財・サービスの需要先比率（どの経済主体でどれだけ需要されているか）を求め，個人消費，設備投資などの需要項目に配分する。

4　名目 GDP と実質 GDP

　名目と実質の違いは物価変動を考慮するかしないかにある。ふだん我々が目にする金額はすべて名目表示であり，実質値とはあくまで計算上求められる架空の数字である。そのような実質値を求めるのは，名目値だけ見ていたのでは経済の実態を見誤る可能性があるからである。名目値にはインフレであれデフレであれ物価変動の影響が含まれる。たとえば，インフレ時であれば，名目 GDP はその分膨張するが，それが実質的な経済規模の拡大を意味するわけではなく，インフレによって水増しされただけである。逆にデフレ時であれば名目値は伸び悩むが，経済活動そのものはそれほど縮小していない。したがって，経済活動の実態を把握するには，このような物価変動によ

る名目値の変動を排除する必要がある。実質 GDP は，名目 GDP ÷ GDP デフレータという算式によって求める。GDP デフレータとは物価指数の一種であり，5 年おきに基準年が変わる。次項で述べる固定基準年方式の場合，現在（2005 年初頭）の基準年は 2000 年である。図 3-2 には，80 年以降の名目 GDP と実質 GDP の推移が示されているが，実質 GDP は 90 年代以降も緩やかながらも拡大しているのに対し，名目 GDP は 90 年以降完全に頭打ちになっているのが見て取れる。このことは，「経済活動こそ伸びているものの，一方でデフレが進行しているため，それが経済規模につながっていない」という日本経済の姿を如実に示唆しているといえよう。

　景気判断の専門家であるエコノミストは実質 GDP 成長率によって景気を判断する。そのため，景気の局面に関する政府の公式判断ではバブル崩壊後も何回かの景気回復局面があったことになっているが，それは多くの国民の実感には合わないものである。特に，デフレ局面での景気判断には実質値だけでなく名目値も考慮する必要があろう。

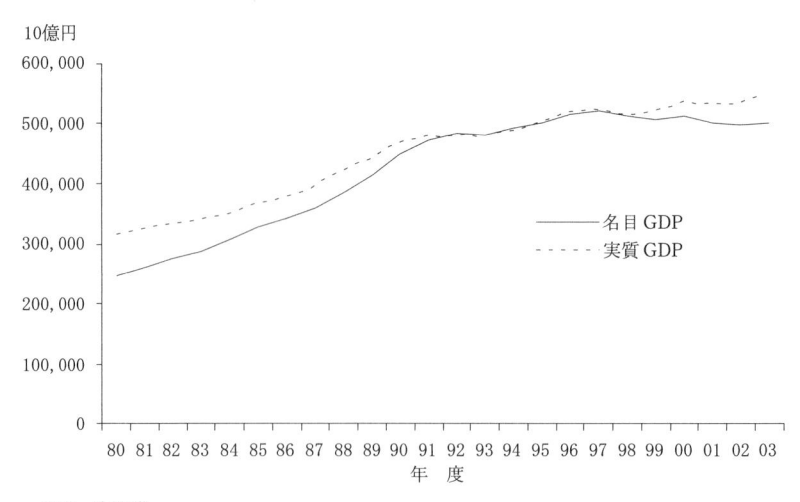

図 3-2　名目 GDP と実質 GDP の推移

出所：内閣府。

5　固定基準年方式から連鎖方式への移行

　2004年7〜9月期のGDP統計からデフレータの計算方式がそれまでの固定基準年方式から連鎖方式へ変更された。図3-3にはGDPデフレータの旧統計（固定基準年方式）と新統計（連鎖方式）の推移が示されている（両者の違いを明瞭にするため，生データではなく95年度が100になるよう調整してある）が，旧方式の方が90年代後半以降デフレータの低下幅が大きくなっており，このデータをもとに判断するとそれだけデフレが大きく進行しているということになる。

　両者の乖離は，推計方法の違いにある。GDPデフレータとはGDP全体の物価を意味するので，その伸び率を計算するには個々の物価の伸び率を加重平均することになるが，問題は加重平均する際の比率である。従来の固定基準年方式では，5年ごとに基準年を変更し，支出内容の見直しを行っていた。その場合，基準年から時間が経過するほどデフレータを計算するときに用いる支出の構成と実際の支出の構成が変わるわけである。その結果，固定

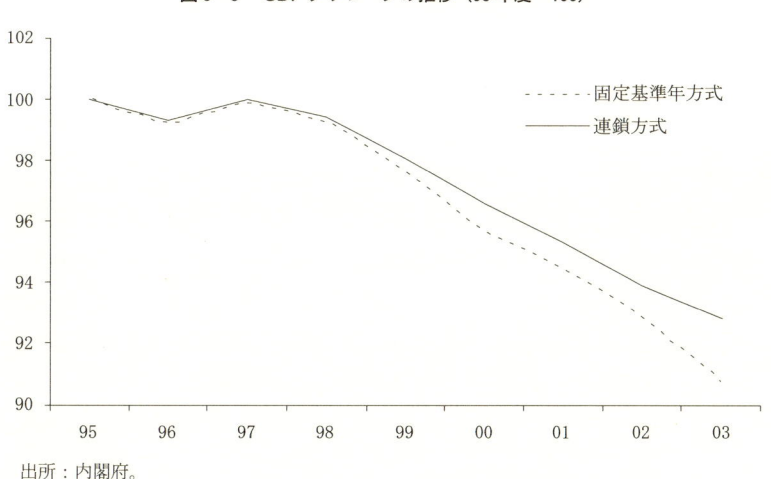

図3-3　GDPデフレータの推移（95年度＝100）

出所：内閣府。

基準年方式で計算されるデフレータはバイアス（特に，最近は下方バイアス）が生じやすいという性格を有している。これに対し，連鎖方式は常に前年が基準年となるのでこのようなバイアスは解消される。

6 GDPの国際比較

　GDPは一国の経済規模を表わす統計であるので，しばしば，各国の経済規模を比較する際に用いられる。しかし，1つ大きな問題がある。それは，当然のことではあるが，各国のGDPは表示される通貨単位が異なることである。たとえば，日米を比較した場合，2003暦年の日本の名目GDPは497兆円であるが，米国は11兆ドルであり，この数字を見ただけではどちらが大きいのかわからないため，通貨単位をそろえて比較しなくてはならない。国際的な基軸通貨はドルであるので，このような国際比較を行う際にはドル表示でそろえるのが一般的である。日本のGDPをドル建てで表示する場合，その時々の円ドルレートでドル換算することになるが，現在のような変動相場制下では，時々刻々相場が変わるため，たとえば，急速に円高が進行したときなどはドル表示の日本のGDPが大きく膨らむことになる。これは，日本経済が実態として膨張したわけではなく，いわば為替レートのいたずらで増えたように見えるだけである。このような為替レート変動のいたずらを取り除くには購買力平価で計算するのが望ましいと思われるが，すべての為替レートについて購買力平価を計算するのは困難が伴うため，便宜上現実の為替レートで計算，比較されているのが実状である。

　図3-4には，ドルベースで表示された2003暦年の国別GDP世界ランクベスト10が示されている。上位には先進国が並んでいるが，その中で中国とインドがランクインしているのが注目される。特に，中国については諸外国から経済力に比べ人民元（中国で流通している通貨）が過小評価されており，もっと切り上げるべきであるとの圧力が強く，今後人民元の対ドルレートが切り上げられれば，高い経済成長力とあいまってGDPのランキングもより上位に進出することが予想される。

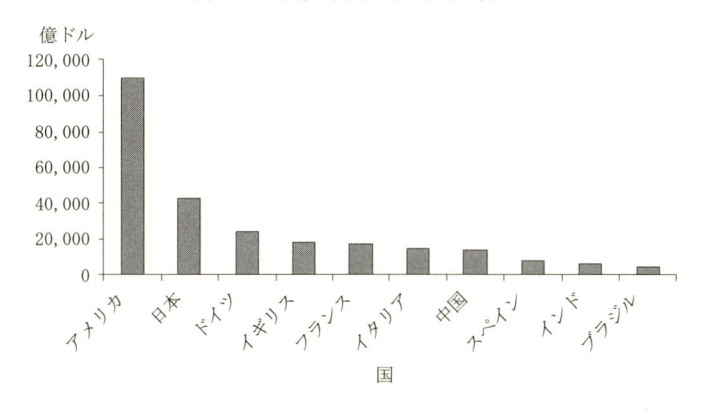

図3-4 世界の国別GDP（2003年）

（アメリカ、日本、ドイツ、イギリス、フランス、イタリア、中国、スペイン、インド、ブラジル）

7 資本ストック統計

ストックの統計として，内閣府「民間企業資本ストック」を紹介しておく。資本という言葉は資金という意味で使われることもあるが，ここでは資金ではなく企業がある時点で保有する生産設備（工場等），店舗・事務所，ソフトウエアなどいわゆる有形固定資産のことであり，GDP同様内閣府から四半期ごとに発表されている。

資本ストックは下記の算式で計算されるが，式をみればわかるように企業の設備投資が増えれば増えるほど資本ストックは増えることになる。したがって，景気がよくなって企業が設備投資を増やせば，資本ストックも増えることになる。

$$K_t = K_{t-1} + I_t - \gamma t$$

※ K_t：今期の資本ストック，K_{t-1}：前期の資本ストック，I_t：今期の設備投資，γt：今期の除却額

資本ストックは一般には民間企業の生産能力を表わす指標とみなされているが，統計としての正確性という点からは2つの問題点を抱えている。1つは減価償却（資本減耗）であり，もう1つは除却額に関してである。前者に

ついては，一般論として設備が老朽化すれば生産性が低下するため生産能力は低下する。しかし，内閣府から発表されている資本ストック統計ではこのような減価償却は考慮されていない。バブル期には将来の日本経済に対して強気な見方が台頭した結果，企業の設備投資が活発化したが，90年代に入ってからバブル崩壊で不要になった設備も多く，そのような設備は陳腐化し更新されず老朽化が進んでいるとみられる。最新鋭の設備と老朽化した設備を同じように評価するのは問題なので，本来であれば減価償却を差し引いて純資本ストックを求めるべきである。老朽化するほど減価償却額が大きくなり，表面的な資本ストック額は同じでも純資本ストックでは差が出てくるためである。しかし，現在公表されている資本ストック統計はそのような「純」の概念にはなっていない。

また，後者については上記の算式では除却（設備の廃棄，滅却等）が考慮されていることにはなっている。しかし，除却率（前年末の資本ストックに対する今年の除却の割合）はほぼ一定と仮定されており，現実的とはいえない。特に，最近は過剰設備削減のため「設備のリストラ」も進められてお

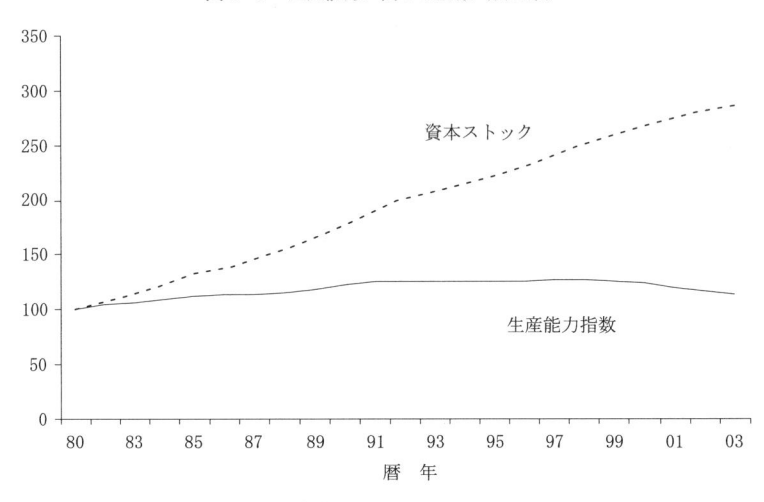

図3-5 生産能力に関する指標（製造業）

注：いずれも80年を100として指数化。
出所：内閣府，経済産業省。

り，公表されている資本ストックのデータ以上に除却が大きくなっている恐れがある。

　以上の2つの問題点は公表されている資本ストック統計が実態より過大評価されている可能性を示唆する。その可能性が高いことをうかがわせるデータが図3-5に示されている。図3-5は，80年を100としたときの資本ストックと経済産業省「生産能力指数」の推移である。生産能力指数とは企業へのアンケート調査により作成されるものである。アンケートであるがゆえの誤差（不正確さ）やカバレッジが小さいという問題点はあるが，それらを割り引いても生産能力指数のほうが現実の「生産能力」を的確に示している可能性が高い。

・3章で紹介するデータ・推計手法の出所

四半期別 GDP 速報（内閣府）：
    http://www.esri.cao.go.jp/jp/sna/qe051/gdemenuja.html
GDP 長期時系列データ（内閣府）：
    http://www.esri.cao.go.jp/jp/sna/qe011-68/gdemenuj68.html
SNA 体系の推計手法（内閣府）：
    http://www5.cao.go.jp/2000/g/1115g-93sna/93snasuikei.html
資本ストック（内閣府・四半期）：
    http://www.esri.cao.go.jp/jp/sna/stock/044stock.xls
生産能力指数（経済産業省）：
    http://www.meti.go.jp/statistics/index.html
※ 次は 52 ページ

4章

家計の経済活動と統計

《この章で学ぶこと》

この章では，我々個人（家計）の経済活動について学習します。家計の支出はもっとも身近な項目であり，GDPに占める構成比も最大ですが，経済全体における位置づけや景気との関連などを考えることはあまりないと思います。この機会に経済主体としての家計部門に関する理解を深めて下さい。

1　家計の経済活動の概観

　ここでは，家計の経済活動全体を資金循環（お金の流れ）の観点から概観してみたい。家計の経済活動の源泉は，サラリーマンであれ自営業者であれ所得である。所得のうち税金や社会保障負担（年金，健康保険等）を除いた手取り収入のことを可処分所得という。可処分所得の使途は消費と貯蓄に分かれる。正確に言うと，可処分所得のうち消費されなかった残りが貯蓄である。貯蓄の大部分は金融機関に向かう。金融機関とは銀行（信金，信組等を含む），証券，保険，郵便局などである。このような可処分所得の内訳とその使途を示したのが表4-1である。

　可処分所得の大部分はサラリーマンの所得である雇用者所得であり，このほかに個人事業主の所得を示す営業余剰，金利収入などを示す財産所得が主な項目である。所得税などの直接税は控除（差し引く）項目となる。

表4-1　2003暦年の家計の所得・支出状況（10億円）

収　入			297	支　出	297
	可処分所得		296	最終消費支出	277
		雇用者所得	265	貯蓄	19
		財産所得	6		
		営業余剰等	52		
		社会給付・経常移転	▲2		
		所得税等（控除）	25		
	年金基金年金準備金		1		

出所：内閣府。

2　個人消費関連の統計

(1)　所得と消費性向に関する統計

　ケインズ型消費関数にしたがえば，消費は可処分所得×消費性向によって決定される。可処分所得は，前述のように手取り収入のことであり，消費の

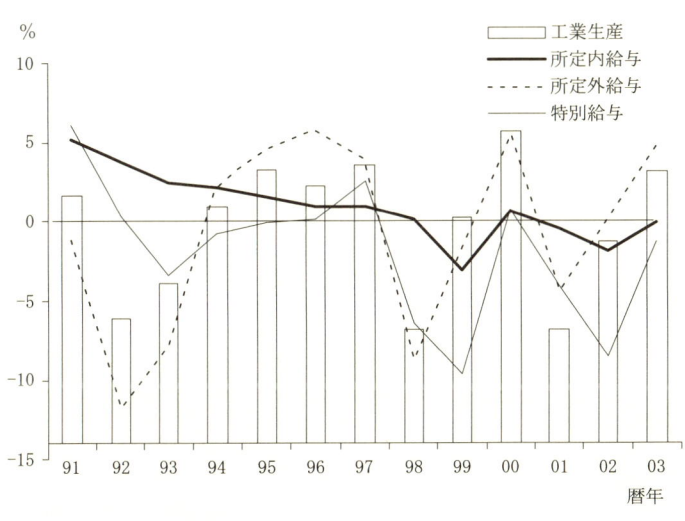

図4-1 所得の推移

注:いずれも対前年比伸び率。
出所:厚生労働省,経済産業省。

　原資となるものである。また,消費性向は可処分所得を所与とした場合にどの程度消費に振り向けるか(財布のヒモの締め具合＝消費マインド)を表わしているのである。よって,マクロの消費動向を把握するには可処分所得と消費性向を把握することが必要となる。
　まず,可処分所得であるが企業と違って家計は自ら所得の源泉となることはできない。資本主義経済においては,企業の生産⇒販売によって得られる所得がすべての経済主体の所得の源泉だからである。民間企業に勤務するサラリーマンの場合,毎月の労働に対する対価として給与(賃金)を受け取り,それを元手に消費を行うわけである。給与に関する統計は,厚生労働省の「毎月勤労統計」で公表される現金給与総額がもっとも一般的である。現金給与総額は雇用者1人平均の月々の給与のことであり,所定内給与,所定外給与,特別給与からなる。
　所定内給与とは基本給に相当するものである。基本給とは文字通り雇用者(雇われている人)の基本的な収入であり,比較的安定している(図4-1)。

所定外給与とは残業代に相当するものである。残業を業種別に見た場合，おおまかにではあるが非製造業では安定しているのに対し，製造業（工業）では振幅が大きい。それは工業生産が景気の動向と強い相関関係があるからである。したがって，景気のよいとき（工業生産が伸びているとき）には所定外給与は拡大し，景気が悪いとき（工業生産が落ち込んでいるとき）は所定外給与も伸び悩むという傾向が見られる（図4-1）。所定内給与と所定外給与を合わせて定期給与（きまって支払われる給与）という。

　特別給与とは賞与（ボーナス）に相当するものである。ボーナスは，通常年2回夏と冬に支給される。夏は6・7月，冬は12月に支給されるのが一般的である。ボーナスは日本特有の給与体系であり，本来の趣旨からいえば，業績が好調だったときに利益の一部を従業員に分配するということであるが，日本の企業ではこれまでは定期的に支払われており，雇用者の方でも支給されることを前提にした支出行動，たとえば，住宅ローンの支払いがボーナス月だけ3倍になるとか，家電製品をボーナス一括払いで購入するなどが普及している。しかし，右肩上がりの成長が終わり，企業収益が従来に比べ余裕がなくなってくると，ボーナスも業績に連動して大きく変動するようになってくることが予想される。実際のところ，90年代以降の動きを見ると，所定外給与が景気と同じ動きをしていたのに対し，特別給与は1年遅れで景気と連動していることがわかる（図4-1）。したがって，ボーナスの支給を前提とした消費活動のリスクは高まるといえよう。

　次に消費性向であるが，消費性向を示す統計としては，総務省「家計調査」に収録されている平均消費性向を挙げることができる。「家計調査」は月次統計なので便利ではあるが，しかし，平均消費性向の月々の動きは変動が大きく，季節調整後の値でも図4-2のようになってしまう。これでは消費性向が上昇トレンドにあるのか下降トレンドにあるのか判断できない。そこで，①単月の動きを追うのではなく，何ヶ月か集計した動き（たとえば，四半期単位）を追う，②月次データの移動平均値をとる（たとえば，当月を含めた過去半年分のデータを平均する：後方移動平均），などの対策が考えられる。図4-3aと図4-3bにはこのような加工をほどこした消費性向

図4-2 平均消費性向の推移：月次，季節調整値

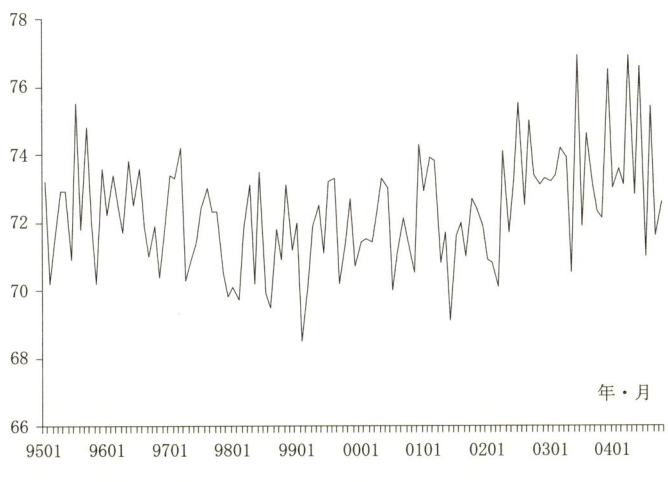

出所：総務省。

図4-3a 平均消費性向（四半期）

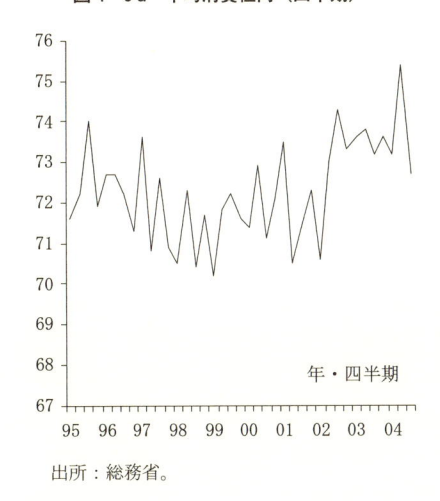

図4-3b 平均消費性向（月次・後方移動平均）

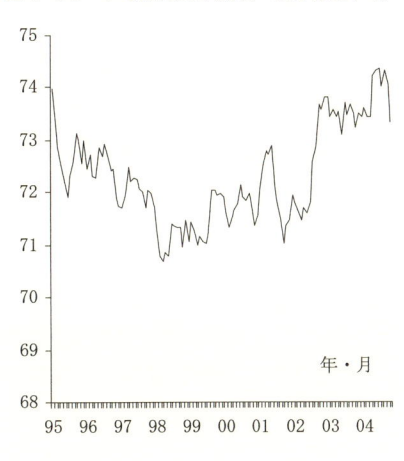

出所：総務省。

の推移が示されている。図4-2と比べるとはるかにトレンドをとらえやすくなっていることがわかる。ところで，消費マインドを直接とらえることはできないのだろうか。内閣府で発表している「消費動向調査」では，全国

ベースでは四半期に一度，東京都に限っては毎月，消費者態度指数というサーベイデータが発表されている。これは，全国ベースでは約5,000世帯にアンケートしたいわば生のデータであるため，消費マインドが盛り上がっているのか，冷え込んでいるのかを直接示す指標と考えられる。消費者態度指数は消費性向の先行指標とみなすことができる。

消費者態度指数が盛り上がってから，それが消費性向の上昇という実際の消費行動に反映されるまでには何ヶ月かの時間（ラグ＝遅れ）が必要なのである。

＜コラム4：拡大する所得格差＞

最近，よく「勝ち組」「負け組」という言葉を耳にする。経済面だけでなく様々な意味で用いられているようであるが，そもそも資本主義経済においては，良し悪しは別として勝者と敗者が明確に分かれるのは当然の結果である。大事なことは勝者は永久に勝者であり続け，敗者は永久に敗者であり続けるような制度ではなく，いったんは敗者となっても次の機会には勝者になれるような敗者復活の仕組みを内包した制度が確立していることである。勝者と敗者が明確になると，その結果として所得格差が拡大する。国民全体で所得格差がどの程度かを示すのが，ローレンツ曲線である。ローレンツ曲線は，横軸に累積世帯比率，縦軸に累積所得比率をとったものである（図4-4）。点線で示した完全平等線が所得格差が0の状態であり，形状が右下へいくほど所得格差が拡大していることになる。

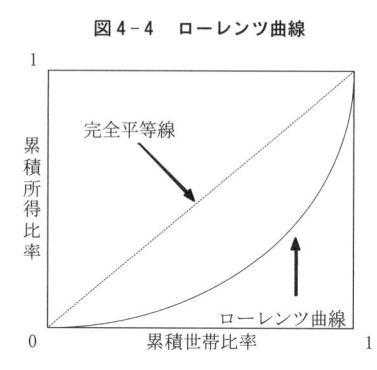

図4-4　ローレンツ曲線

---

(2) 個人消費の内容に関する統計と見方

個人消費に関する統計にはどのようなものがあり，それぞれが個人消費のどの面を表しているのだろうか。個人消費とは個人（家計）の財・サービス

への支出行動のことであるから，当然ながら支出面からとらえたデータが主となる．もっとも代表的なのが GDP ベースの個人消費であるが，GDP は 2 次統計であるのでベースとなる 1 次統計が存在する．個人消費の場合は総務省「家計調査」が 1 次統計である．「家計調査」は全国 8,000 世帯（2 人以上の世帯）に支出や貯蓄の内容など可処分所得の使途について毎月克明なデータを記録・提出してもらった結果である．従来は GDP ベースの個人消費はほとんど「家計調査」で決まっていたが，「家計調査」はしょせん 8,000 世帯というきわめて限られた範囲の消費行動しか反映しておらず，全国民の消費行動の基礎データとしては不十分であるという問題点を抱えていた．このような量的な問題は先天的な問題といえるが，それだけでなく 90 年代後半以降質的な問題点も指摘されるようになった．

「家計調査」の対象世帯を選定するに当たっては，本来はなるべく国民全体の消費行動を代表するよう，年齢，職業，世帯構成などのバランスを考慮して選定される．しかし，法的な拘束力はなく，協力してくれる世帯に偏り（職業や年齢など）が生じるため，そのようなデータが必ずしも国民全体の消費行動を代表するものではないという問題点がクローズアップされてきた．その結果，GDP 速報で発表される足もとの個人消費統計がどうも実感と合わないという批判が強くなっていった．このような問題点を解決するには，「家計調査」の対象世帯数を増やすことが即効的である．しかし，協力者を確保できなかったり，サンプルが偏ったりして，調査世帯数を増やすにも限りがある．四半期ごとに全世帯の調査をするわけにもいかないため，支出（需要）側の統計だけで把握するには限界がある．そこで，補完的な対策として，販売（供給）側の統計を合わせみることが浮かび上がる．

個人消費の場合，関連する販売統計はけっこう豊富に存在する．もっとも「家計調査」と補完関係にあるのが耐久消費財，とくに乗用車販売の統計である．「家計調査」では自動車の購入は「交通関係費」という費目に含まれるが，食費などと違ってすべての対象世帯が自動車を購入することはないため，かなり振幅の大きい，いいかえると信頼性の低いデータとなる．乗用車販売に関する統計は，日本自動車販売協会連合会という業界団体から発表さ

れる「新車販売台数」がある。同統計は月次で翌月初めには発表されるという速報性の高さがある。さらに，内容についてもメーカー別・車種別販売台数などがほぼ網羅されているため，非常に使い勝手がよい。同じく耐久消費財に関する販売統計として，日本電気大型店協会（略称 NEBA）から月次で発表される「家電販売統計」がある。ただし，こちらは必ずしも主要な家電量販店がすべてカバーされているわけではないので，見方には注意を要する。

このような個別商品ごとの業界統計のほかに，流通形態別の統計がある。網羅された統計としては，経済産業省から月次で発表される「商業販売統計」がある。「商業販売統計」には小売業販売額，大型小売店販売額，コンビニエンスストア販売額が収録されている。

＜コラム5：家計調査と GDP の違い＞

総務省から発表される「家計調査」は1世帯あたりの平均データである。一方，GDP は全世帯トータルのデータであるから，「家計調査」をベースに GDP 統計を作成する際には世帯数の増減も加味する必要がある。このほか，GDP に含まれて「家計調査」に含まれない項目として，持家の帰属家賃を挙げることができる。帰属家賃という単語は一般にはほとんど耳にする機会がないが，持家の家主が自宅に家賃を支払ったらどのくらいになるかを家賃相場や持家の戸数などのデータから推計し，GDP ベースの個人消費に加えるのである。もちろん，実際に自分の家に家賃を払うことなどないわけだからこれはフィクションなのだが，このように実際は支払っていないものを支払ったとみなして計上することをみなし計算という。ただし，現在発表されている持家の帰属家賃は過大評価されているとして，見直しが検討されている。また，「家計調査」の自動車購入費はGDP 統計（個人消費）の推計には用いられず，代わりに自動車販売統計などが用いられる。

3　住宅投資の関連統計

住宅投資の経済主体は基本的には家計であるが，住宅購入とは異なる。住

宅建設と言った方が実態に近い。以下，具体的に説明しよう。

　GDPベースの住宅投資は新設住宅への投資とすでに存在する住宅の修繕（リフォーム）からなる。内訳が示されていないので別途推計するしかないのだが，最近はリフォーム市場が拡大しているものの，依然として大部分は新設住宅である。新設住宅には持家，貸家，分譲住宅，給与住宅の4項目がある。もっとも理解しやすいのが持家である。持家とは一戸建てのことであるが，一戸建てには持家のほかに分譲住宅の一部も含まれる。外見上は区別がつきにくいが，持家は新たに土地を購入してそこに住宅（建物）を建てるか，老朽化した一戸建ての建て替えのいずれかであるのに対し，分譲住宅の場合はデベロッパー（不動産会社）が土地を購入し，そこに一軒家を建て売り出すという違いがある。分譲住宅の約半分が一戸建てで残りはマンションである。マンションも居住者が住むまでのプロセスは一戸建てと同じである。貸家はアパートなど賃貸目的で建設される住宅のことである。投資の主体はアパートなどの所有者（いわゆる大家さん）であり，入居する人々ではない。給与住宅とは社宅や寮など企業が社員のために建設する集合住宅のことである。かつては社員の福利厚生の一環として社宅や寮の充実を競った時期もあったが，近年は経営環境が厳しさを増していることからリストラの一環として給与住宅を縮小ないし廃止する動きが広がっている。これらの新設住宅のデータ（住宅着工）は国土交通省「建築着工統計」で得ることができる。着工戸数の大きさでは，貸家，持家，分譲マンション，分譲一戸建ての順になっている（図4-5）。GDPの住宅投資はこの着工統計をベースにしているのは事実だが，着工とは建設に取りかかることであり，GDPは進捗ベースであるのでそのまま使うことはできない。そこで，着工統計をもとに完工までの平均的な期間を加味することで進捗ベースのデータを推計するのである。

　このほかに住宅投資に関連する統計としてはマンション販売がある。マンションは先述のように住宅購入の一部であるが，バブル崩壊後は地価の下落や金利低下に住宅ローン減税などもあってマンションの1次取得（新規購入）が容易になっていることから比較的マンション販売は好調に推移してい

たが，2001年以降は低迷している（図4-6）。

図4-5 2003年の住宅着工戸数の内訳

（万戸）
- 貸家: 46
- 持家: 37
- 分譲マンション: 20
- 分譲一戸建て: 13

出所：国土交通省。

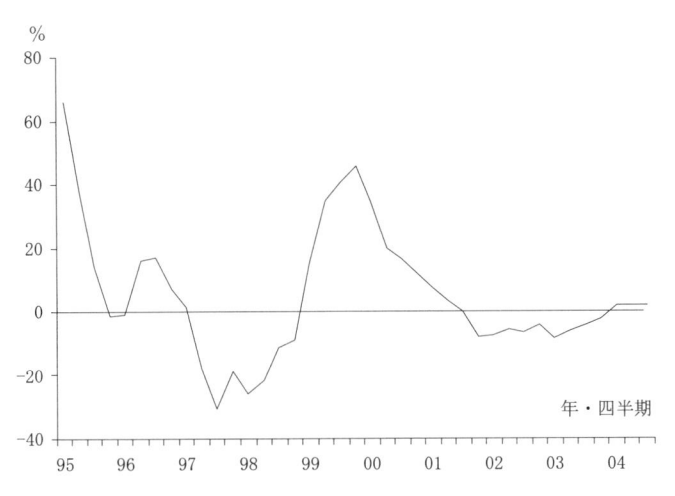

図4-6 首都圏マンション販売の推移（前年同期比伸び率）

注：前年同期比伸び率の後方4四半期移動平均をとっている。
出所：不動産経済研究所。

4 家計の支出行動と景気

(1) 景気と消費の因果関係

 1節でも述べたように個人消費は可処分所得があって初めてできるのである。そして，可処分所得は景気によって決定される。したがって，景気全体と個人消費の順番（因果関係の方向）を考えると，景気⇒個人消費というのが素直な順番である。しかし，この順番が徐々に変わりつつある。我々の消費が毎期の可処分所得だけで賄われるのであれば，上記の順番は変わりようがない。しかし，預貯金や株式など金融資産の蓄積により，日本人の消費は可処分所得だけでなく貯蓄の取り崩しによっても行われるようになっている。さらに，高齢化が進めば，年金も重要な消費財源として注目される。年金と貯蓄に共通しているのは，過去の蓄積であるということである。このように年金や貯蓄を源泉とする消費をストック型消費というが，ストック型消費は景気との連動性が低いため今後景気⇒消費より消費⇒景気という因果関係が強くなる可能性がある。

 年金のように，一生涯という長期的なタイムスパンにおける消費決定を扱う消費関数をライフサイクル仮説という。ライフサイクル仮説では，年金や自分での貯蓄など現役（就労）時代の蓄えを隠居後の消費にあてることになる。

(2) 景気に敏感な消費費目

 家計の支出項目には，景気に敏感なものとそうでないもの，いいかえると景気変動（＝所得変動）によって支出額を変えられるものとそうでないものがある。たとえば，食費や住居費，教育費などは必需的な支出なので景気とは関係なく安定しているのに対し，サービスや衣料品などは可変的である。所得に余裕があるときは支出を増やし，余裕がなくなったら減らすことができるからであり，選択的支出といえる。

 図4-7には日本全体の個人消費と大型小売店の婦人服，紳士服の伸び率

図4-7 婦人服と紳士服の特徴（大型小売店）

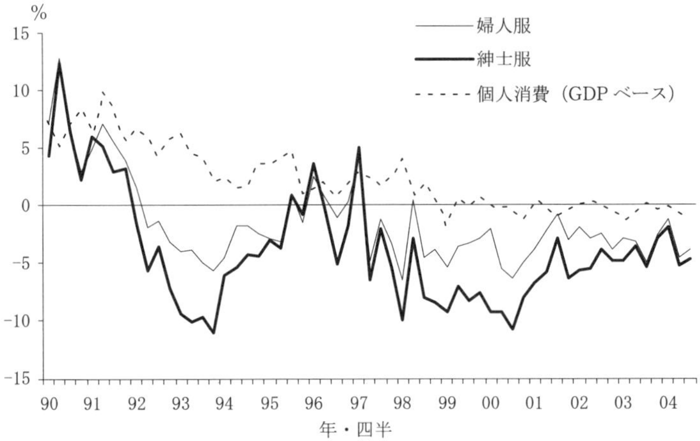

注：いずれも前年同期比伸び率%。
出所：経済産業省。

が示されている。大型小売店とは，百貨店とスーパーの合計である。衣料費のなかでもどちらかというと婦人服は景気の影響を受けにくく，紳士服は影響を受けやすいとされるが，データを見ると面白いことがわかる。個人消費全体が回復する局面では，婦人服と紳士服は同じペースで支出が増える（ないし減少幅が縮小する）が，減少する局面では紳士服の方が落ち込みが大きくなっている。しかも，紳士服の伸び率が婦人服に追いつくのは景気回復のピークになってからである。これは，所得環境が厳しくなったら真っ先に削られるが，所得が増えてもそれを穴埋めするほどは増やしてくれない紳士服というより家庭内における夫の悲しい立場を表わしているのではないだろうか。

5　家計のIT化

インターネットなど家計におけるIT関連インフラの普及率は，図4-8のようになっており，90年代後半以降急速に家計のIT化が進んでいること

がわかる。

　インターネットが経済に与える効果は ① 新たな市場，ビジネスチャンスの創出，② 企業の生産性向上が挙げられる。新たな市場としては e コマース（電子商取引）などインターネットや携帯電話を使ったサービスが挙げられる。企業の生産性向上は直接売上や収益を増やすものではないが，競争力強化を通じて収益につながることが期待される。

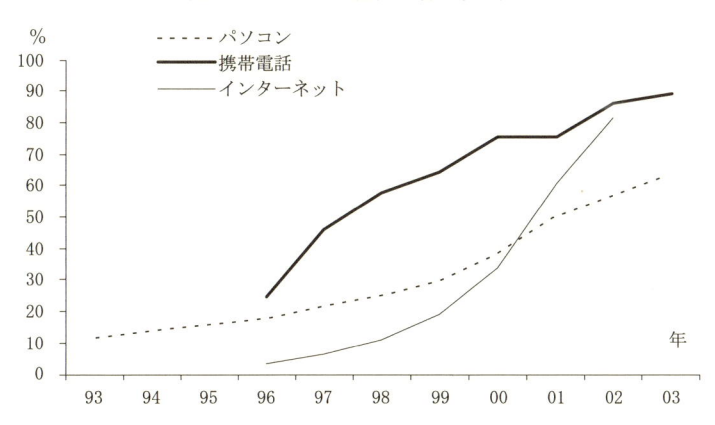

図 4-8　主な耐久消費財の普及率の推移

出所：内閣府，総務省。

- 4章で紹介するデータの出所

    家計の所得・支出勘定（内閣府）：
        http://www.esri.cao.go.jp/jp/sna/h17-nenpou/80i5_jp.xls
    現金給与総額（厚生労働省）：
        http://stat.jil.go.jp/jil63/plsql/JTK0300?P_BUNYA＝3010
    家計調査（総務省）：
        http://www.stat.go.jp/data/kakei/index2.htm
    住宅着工（国土交通省）：
        http://www.mlit.go.jp/toukeijouhou/chojou/kencha.htm
    耐久消費財普及率（内閣府）：
        http://www.esri.cao.go.jp/jp/stat/shouhi/0503fukyuritsu.xls
    ※　次は68ページ

5 章

企業・産業の経済活動と統計

《この章で学ぶこと》

この章では，企業・産業の経済活動について学習します。資本主義経済においては，企業の生産活動がすべての根幹にあるので，これを理解できれば経済全体の理解も容易になります。また，設備投資や生産など企業活動を理解するには，財務諸表など経営学の知識があるとないでは大違いなので，経営学についてもある程度学習しましょう。

1 企業活動の概観

　企業活動は資本主義経済の根幹をなすものであり，景気のバロメータとなる経済成長を規定するものといってよい。経済は需要と供給からなるが，企業活動は需給（需要と供給）両側に登場する。それだけに重要であるわけだが，きちんと学習しないとその位置づけを理解するのは困難である。ここでは，経済活動全体における企業の位置づけとそのウエートについて概観しておくことにする。

表5-1　日本企業のバランスシート（全産業ベース）

単位：100万円

資産の部		金　額	負債・資本の部		金　額
流動資産		537,096,644	流動負債		480,298,512
	現金・預金	129,060,334		支払手形	43,998,789
	受取手形	32,092,860		買掛金	129,535,469
	売掛金	174,583,689		金融機関借入金	127,336,222
	株　式	3,223,416		その他の借入金	48,617,540
	公社債	3,348,669		引当金	6,779,627
	その他の有価証券	4,903,741		その他流動負債	124,030,865
	製品・商品	53,594,037	固定負債		402,030,896
	仕掛品	29,485,846		社　債	51,425,306
	原材料・貯蔵品	13,000,309		金融機関借入金	215,722,020
	その他	93,803,743		その他の借入金	40,756,827
固定資産		693,598,964		引当金	36,481,632
	土　地	165,216,352		その他固定負債	57,645,111
	建設仮勘定	14,801,925	資本		348,366,200
	その他の有形固定資産	276,450,357		特別法上準備金	272,883
	ソフトウェアを除く無形固定資産	10,212,825		資本金	87,512,423
	ソフトウェア	7,186,101		資本準備金	53,899,709
	株　式	105,511,127		利益準備金	9,045,646
	公社債	5,941,400		その他の資本剰余金	21,359,686
	その他の有価証券	7,671,580		任意積立金	170,696,648
	その他投資	98,153,642		当期未処分利益	5,579,205
	繰延資産	2,453,655	負債及び資本合計		1,230,695,608
資産合計		1,230,695,608			

出所：財務省『法人企業統計』。

企業はまず事業の元手となる資金（資本金）を用意する。資本金は株式の発行というかたちをとるが，それだけでは事業規模は限られたものになってしまう。そこで，社債の発行や銀行からの借り入れ（負債）で事業を拡張することになる。このように身の丈以上の事業を行うことをレバレッジを利かすという。

資本金と負債によって得た資金は設備投資の原資となったり，運転資金（社員の給料や資材調達の資金）に回されたりする。このような資金繰りの状況を示すデータを貸借対照表（バランスシート）という。貸借対照表では，資産＝資本＋負債という関係が常に成り立っている。表5-1には全産業ベースの貸借対照表が示されている。

これに対し，毎期ごとの売上や利益などを示したものを損益計算書という。表5-2にはやはり全産業ベースの損益計算書が示されている。売上高から販売費および一般管理費を引いたものが営業利益で，これに営業外収益（受取利息・割引料）を足して営業外費用（支払利息・割引料）を引いたものが経常利益である。

企業は生産活動を行うために設備投資を行う。設備投資はフローでは有効需要の一項目となり，景気変動の要因となる。フローの設備投資が累積され，生産能力全体を示すデータを資本ストックという。企業はこの資本ストックと労働を投入することで生産活動を行う。

表5-2　日本企業の損益計算書（全産業ベース）

単位：100万円

項　目	金　額
売上高（①）	1,334,673,656
売上原価（②）	1,029,784,252
販売費および一般管理費（③）	268,169,237
営業利益（④＝①－②－③）	36,720,167
営業外収益（⑤）	15,846,557
営業外費用（⑥）	16,367,858
経常利益（⑦＝④＋⑤－⑥）	36,198,866
特別利益（⑧）	15,688,363
特別損失（⑨）	24,344,856
税引前当期利益（⑩＝⑦＋⑧－⑨）	27,542,373
法人税及び住民税（⑪）	14,382,227
当期純利益（⑫＝⑩－⑪）	13,160,146
利益処分　役員賞与	967,688
中間配当額	1,592,570
配当金	5,640,917
社内留保	4,958,971

出所：財務省『法人企業統計』。

2 生産活動に関する統計

　生産活動に関する統計は業種別に発表される。製造業については，経済産業省から月次で発表される鉱工業生産統計がある。鉱工業生産は具体的な生産の数量や金額を示すものではなく，ある基準年＝100 とした指数（5 年に1 度更新，現時点での基準年は 2000 年）で表示される。2 章で説明したように，鉱工業生産は短期的な景気循環を決定するといってもよく，しかも，かなり規則的な循環変動をすることから，景気の現局面および先行きの見通しを判断する上での有益な手がかりを与えてくれる。

　製造業以外の生産統計としては，サービス業については経済産業省「第3次産業活動指数」，建設業については国土交通省「建設活動指数」，農林水産業については農林水産省「農林水産生産指数」がある。そして，「鉱工業生産指数」，「公務等活動指数」を含めた 5 つの統計を加重平均した統計が経済産業省の「全産業活動指数」である。「全産業活動指数」は供給サイドからみた経済の動きであり，速報ベースでは需要（支出）サイドの統計として発表される GDP と対をなすものとみなすことができよう。GDP との違いは，① GDP が付加価値ベースであるのに対し，全産業活動指数は粗生産ベースであること，② GDP は名目，実質両方の金額表示であるのに対し，全産業活動指数は実質の指数ベース（2004 年末時点での基準年は 2000 年）であること，③ GDP は四半期ごとに発表されるのに対し，全産業活動指数は月次データである，などである。どちらも異なる統計を合成しているという点では共通しているが，利便性（速報性）という点では全産業活動指数，カバレッジの点では GDP に優位性があるといえよう。

3 設備投資に関する統計

　GDP ベースの設備投資は財務省『法人企業統計季報』を基礎統計としている。しかし，法人企業統計季報は資本金 1000 万円未満の企業と金融業が

含まれていないという問題点がある。GDPの設備投資はすべての産業・企業が含まれていることになっているので、資本金1000万円以下の中小企業と金融業については他のデータで補う必要がある。まず、中小企業については、中小企業の設備投資を直接集計した統計は存在しない。かろうじて、中小企業への融資を主業務とする国民生活金融公庫が取引先にアンケートしているが、これも金額は公表されていない。内閣府では電話ヒアリングなどにより補完していると言われる。

金融業については内閣府から四半期ごとに発表される「法人企業動向調査」に収録されており、これを利用する。法人企業動向調査には他の産業もカバーされているが、サンプル数が法人企業統計季報より少ないので、GDPの基礎統計として利用されるのは金融業のみである。

では、設備投資はどのように決定されるのだろうか。設備投資の決定を表す理論モデルを投資関数という。投資関数にはいくつかのタイプがあり、どういう決定要因を重視するかにより、モデルの構成が異なってくるが、ここでは主な決定要因と設備投資との関係をデータで追ってみることにする。まず、金利との関係についてみてみよう。企業が設備投資を行うときは、必要な資金を基本的には銀行借入や社債・株式の発行など外部資金でまかなうことになる。金利は外部資金取り入れのコストであるので、理論的には少しでも低い方が設備投資を促進すると考えられる。では、実際はどうか。図5-1には80年以降の金利（貸出約定金利）と設備投資の関係が示されている。それによると、88年までは理論通り、逆の動きをしているが、それ以降はほぼパラレルに動いている。つまり、90年代に入りバブルが崩壊してから日本銀行は景気浮揚のため金融緩和（＝金利低下）を続けたが、政策意図に反し設備投資の伸び率が低下してきているのである。このことは、企業の設備投資に関する意思決定において金利が必ずしも重要なファクターとなっておらず、むしろ、現在の設備投資によって将来得られるであろう収益（期待収益）が大きく低下していることが作用しているとみることができる。

次に、企業収益と設備投資の関係についてみたのが図5-2である。先に

図5-1 貸出約定金利と名目設備投資

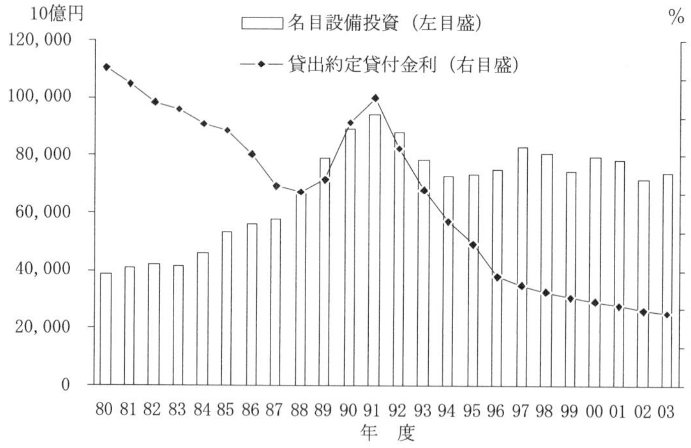

出所：内閣府，日本銀行。

設備投資に必要な資金は外部資金でまかなうと説明したが，厳密にいえば，自己資金＋外部資金でまかなうことになる。デフレ下では外部資金＝有利子負債の増加は債務者損失をもたらすことになる。したがって，外部資金をなるべく抑え自己資金の比率を高めることによってリスクを軽減する動きが顕著となる。図5-2をみると，ほぼ一貫して企業収益と設備投資の関係が密接であることがうかがえるが，それには以上のような背景があるのである。特に，90年代以降金利と設備投資の関係が崩れる中で，企業収益が設備投資に与える影響がますます重要になってきている。

最後に資本ストックと設備投資の関係に触れておく。資本ストックとは，生産設備や店舗・オフィス，ソフトウエアなど企業が生産活動を行ううえで基盤となる生産要素である。設備投資が活発化すると資本ストックは当然増加する。資本ストック＝生産能力であるから，需要の増加を伴わない限り設備投資を増やし続ければ供給能力＞需要となり需給のバランスが崩れてしまう。そうなると，設備投資を抑制することとなる。このような資本ストックと設備投資の関係をストック調整という。そこで，資本ストックと設備投資の関係を図示したのが図5-3である。それによれば，両者はほぼパラレル

に動いている。

図5-2 経常利益と名目設備投資

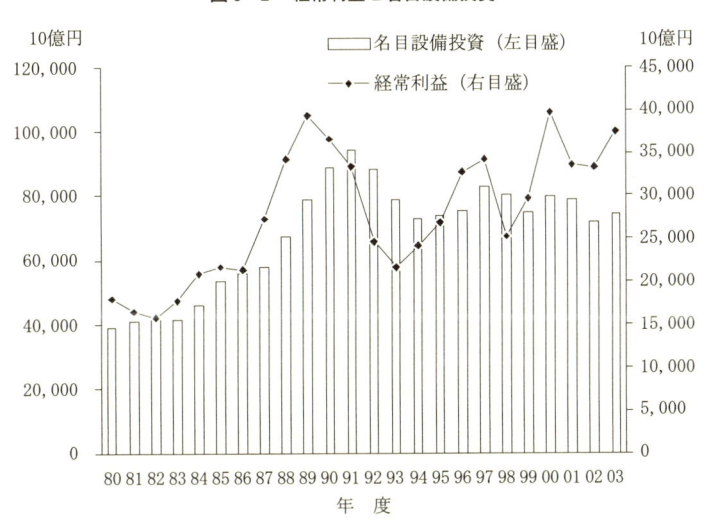

出所：内閣府，財務省。

図5-3 資本ストックと名目設備投資

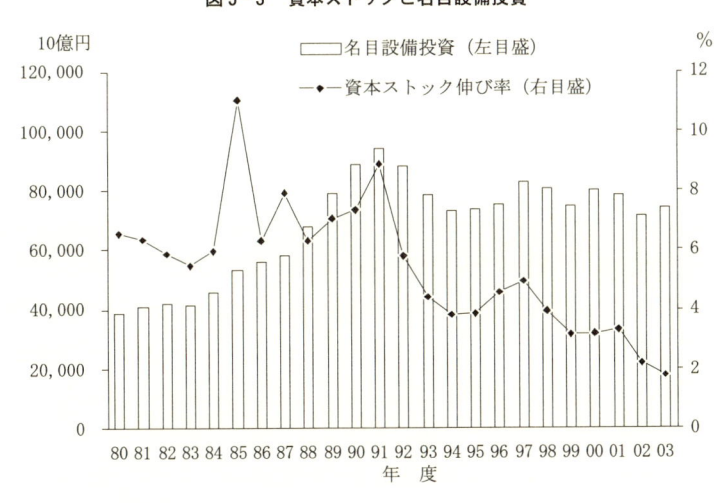

出所：内閣府。

4 企業経営に関する統計

経営分析の基本となる貸借対照表と損益計算書については，1節で説明したので，それ以外で特に重要と考えられる経営指標をいくつか紹介する。

(1) 自己資本比率

企業は自己資本（資本金等）に銀行借入，社債等の負債を加えて事業活動の原資とする。したがって，事業規模の拡大に伴って負債が膨張していくことは自然のことである。しかし，一方で経営の健全性という点からみると，際限なく負債を増やすことは危険である。そこで，経営の健全性を図る1つの目安として自己資本比率がある。自己資本比率とは資本÷総資産で計算される指標であるが，どの程度の水準であれば健全と判断できるかは産業によって異なる。

自己資本比率というとしばしば問題になるのが銀行であるが，銀行の場合国際ルールでクリアすべき自己資本比率の水準が決められている。マネーセンターバンク（国際業務を行っている銀行）の場合は8％，それ以外の銀行は4％というのがBIS規制で定められた最低水準である。BISとは国際決済銀行（Bank of International Settlement）の略であり，世界の中央銀行（日本は日本銀行）の集合体である。いわば，世界の金融システムの総元締ということができよう。

では，自己資本比率がBIS規制を下回った場合どうなるのであろうか。そのまま放置すれば銀行業務は継続不能となるので，何らかのかたちで自己資本比率を8％（ないし4％）以上に引き上げなければならない。増資など自力で資本を増強できればよいが，それができない場合は政府が公的資金を注入し，自己資本比率を引き上げることになる。「公的資金の注入」というと国民の血税を経営が悪化した銀行の尻拭いに使うのはけしからんという声をよく耳にするが，これは必ずしも正確な理解ではない。公的資金の注入にはいくつかの形態があるが，もっとも多いのが日本銀行による出資である。

したがって，公的資金を注入された銀行がその後立ち直り，公的資金を全額返済すれば税金は一銭も使わなくて済む。しかし，その後も経営が悪化し破綻すれば，日本銀行が被る損失は税金で穴埋めされる。そこで，国民の側としては公的資金注入を問題視するより，注入された公的資金が有効に使われ金融再生につながっているかどうかを監視する方が重要である。

(2) 損益分岐点

損益分岐点とは，ある企業の利益が0（利益も損失も発生していない状況）になる売上高のことをいう。利益＝売上－経費であるが，経費には固定費と変動費がある。固定費とは売上に関係なくかかる費用のことで，家賃，人件費（基本給）などがある。変動費とは売上（あるいは生産）の規模に応じて変動する費用で，原材料費，人件費（残業代，ボーナス）がある。また，実際の売上高に対し損益分岐点が何%かを計算して得られる指標を損益分岐点比率という。損益分岐点比率が低いほど当該企業の利益が大きいこと

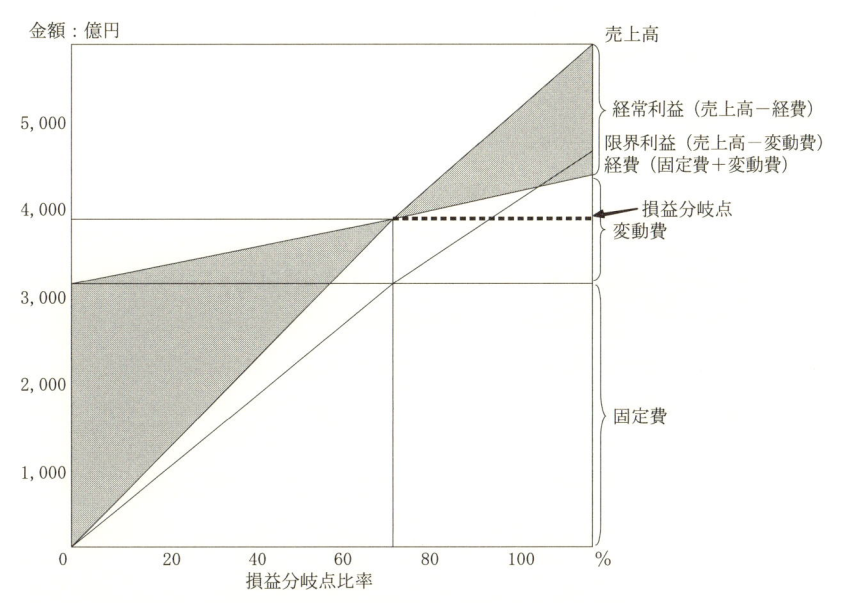

図5-4 売上高，経費と損益分岐点

図5-5　労働分配率の推移（全産業ベース）

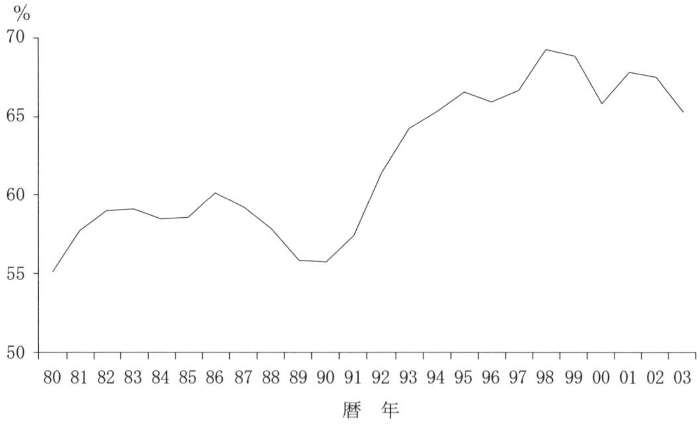

出所：財務省『法人企業統計』。

を示している。図5-4はある企業の売上高，経費，損益分岐点などの関係を示したものである。この企業の売上高は損益分岐点を上回っており，経常利益は1,164億円，売上高経常利益率（高いほどよい）は21.5％，損益分岐点比率は73％と優良企業である。

(3)　労働分配率

製造業でも非製造業でも生産要素として資本（設備）と労働を投入するが，どちらにもコストがかかる。このうち労働にかかる費用（人件費）負担の度合いを示す指標を労働分配率という。労働分配率は，人件費／（経常利益＋人件費＋支払利息・割引料＋減価償却費）で計算される。図5-5には日本の労働分配率の推移が示されているが，90年代以降ほぼ一貫して上昇し，その後高止まりしていることがわかる。労働分配率が高いとそれだけ人件費負担が重いということであり，国際競争力を弱体化させる要因となる。日本の労働分配率が上昇したのは，デフレと景気低迷で売上高が伸び悩んだにもかかわらず，人件費が十分抑制されなかったからである。人件費には基本給のような固定費的性格の部分と残業代やボーナスのような変動費的性格

の部分がある。変動費であれば景気循環に連動して人件費も増減するので労働分配率が一方的に上昇することはない。しかし，日本の場合アメリカなどと違って人件費のうち固定費部分のウエートが高いため，デフレと景気低迷が長期化した90年代に労働分配率が上昇基調で推移したのである。このことは裏を返すと景気が回復し売上高が増加してもすぐには大きな賃金の上昇は期待できないということである。

(4) フリーキャッシュフロー

フリーキャッシュフロー（以下FCF）とは売上，経費，設備投資といった項目の違いを取り払って，単純に現金の出と入りの差額をみたものであり，純現金収支ともいう。かつての日本企業は，市場でのシェアを重視するあまり収益が軽視されるきらいがあった。しかし，株主資本を有効活用して利益を生み出し株主に還元するという資本主義本来の姿が求められるようになってくると，設備投資を行うにも採算性が重視されるようになってきた。そこで，注目されるようになったのがFCFである。多くの企業が収益重視をPRするためのスローガンとして「キャッシュフロー重視の経営」を標榜するようになった。FCFは以下の計算式で求められる。企業が先行投資をしている段階ではまだ利益は出ないのでFCFは赤字であるが，投資回収段階に入ると営業利益が増えて設備投資が減るので，FCFは黒字化する。

FCF＝税引き後営業利益＋償却費－設備投資－増加運転資本

5　産業連関表

GDPの生産データでは産業別に生産額が示される。そこから一歩踏み込んで産業間でどのような取引が行われているかを表わすのが産業連関表である。産業連関表ではある製品の生産に何がどれだけ投入され，その結果どれだけの生産が行われるかが示される。投入と産出の関係を分析することからIO（Input Output）分析ともいう。具体例としては最終消費財が比較的わかりやすいと思われるので，表5-3に経済産業省から発表された平成14年

産業連関表簡易延長表をベースに作成した自動車の投入・産出額を示した。それによれば，中間投入（部品，原材料，広告等）では当然ながら自動車部品等が最大の項目であり，サービス等，電気機械，化学製品などが続く。サービスは広告などであり，電気機械は電気系統の部品やカーナビなど，化学製品はプラスチックが大きなウエートを占めている。付加価値は雇用者所得，営業余剰（利益），減価償却など組み立てに要する生産要素の費用と企業の利益であり，最終的な生産額は中間投入と付加価値の合計になる。

また，産業連関表ではある製品の生産が他の製品や産業へどう波及していくかを知ることもできる。ある製品の1単位の生産が他の製品の生産をどの程度増やすかを表わす係数を逆行列係数という。表5-4には，2002年簡易延長表による逆行列係数のベスト5とワースト5が示されている。ベスト5をみると，鉄鋼を除くと加工組立産業が並んだ。特に，乗用車の逆行列係数の大きさは群を抜いている。よく，自動車産業は裾野が広いと言われるが，これは鉄や電気品など自動車の生産に使われる部品が多く，自動車に依存する産業が多いことを意味する言葉である。したがって，自動車の生産が増えれば経済全体への波及効果が大きいことになる。逆に，ワースト5には石油製品・石炭製品を除けば非製造業が並んだ。非製造業の場合は製造業の場合の部品とは違い他産業とのつながりが薄く，自己完結している点が波及効果（逆行列係数）の低さとなって現れているといえよう。

これらのデータは今後の日本経済にも重要な示唆を与える。製造業が空洞

表5-3　自動車の投入・産出

単位：100万円

項　　　　目	金　額
中　間　投　入	11,368,155
化　学　製　品	355,279
鉄　鋼・金　属　等	297,058
一　般　機　械	26,843
電　気　機　械	641,331
自　動　車　部　品　等	8,320,699
そ　の　他　工　業　製　品	273,212
建　　　　設	8,289
電　力・ガ　ス・水　道	71,973
商　　　　業	167,421
金融・保険・不動産	111,020
運　輸・通　信・放　送	233,080
サ　ー　ビ　ス　他	861,950
付　加　価　値	2,354,281
雇　用　者　所　得	1,099,941
営　業　余　剰	585,799
減　価　償　却	419,564
そ　の　他	248,977
生　産　額　合　計	13,722,436

出所：経済産業省。

化し経済のサービス化が進めば,産業間の生産波及効果は低下し,経済全体の成長力にも低下圧力がかかる。したがって,一定の成長力を維持するには製造業の空洞化は避けなければならないのである。

表5-4 逆行列係数のランキング

ベスト5			ワースト5		
	業種	逆行列係数		業種	逆行列係数
1	乗用車	2.995	1	石油製品・石炭製品	1.218
2	鉄鋼	2.543	2	金融・保険・不動産	1.274
3	プラスチック製品	2.275	3	商業	1.433
4	民生用電子・電気機器	2.244	4	通信・放送	1.488
5	事務用・サービス用機器	2.148	5	公務	1.498

出所:経済産業省。

6 企業が生み出す利益について

(1) 創業者利益と残存者利益

企業の利益の源泉をつきつめていくと2つに集約される。1つは創業者利益であり,もう1つは残存者利益である。創業者利益とは同業他社に先駆けて新製品を投入したことにより得られる利益であり,具体例としてソニーのウオークマン,TOTOのウォシュレットなどを挙げることができる。

これに対し,残存者利益とは製品が普及,成熟化する過程であたかもマラソンのように1社,また1社と他社が市場から撤退した結果寡占ないし独占状態になり,成長は見込めないが安定して得られる利益のことをいう。ホンダのバイクを典型例として挙げられる。

要するに,利益を上げるには最初に飛び出すか,最後まで頑張るかのいずれかであるということになるが,大前提として技術的,価格的に競争力のある製品を提供することはいうまでもない。ただし,両者の間に相関がないわけではなく,創業者利益を得られれば常にフロントランナーでいられるので,残存者利益を得る可能性も高くなる。途中から市場へ参入して十分な利益を上げられずに撤退するのが最悪のパターンである。

(2) 普及率と利益の関係

 ある製品が全国の世帯(人口)の何%で購入,利用されているかを表わす数値を普及率という。普及率には世帯ベースで計算する世帯普及率と人口ベースで計算する人口普及率があるが,いずれも下限が0%,上限が100%である。図5-6には主要な耐久消費財の普及率の推移を示してあるが,これをロジスティック・カーブという。初期段階ではまだ価格が高いことや消費者の認知度が低いことから普及率の伸びは鈍いが,時間の経過とともに価格が低下し,一気に成長段階を迎える。そして,普及が一巡すると普及率の上昇ペースは鈍化する。これが成熟段階であるが最終的に頭打ちとなる普及率を限界普及率という。限界普及率の水準は製品によって異なるが,実は企業収益はこの限界普及率と密接に関係している。

 一般論として企業が生産・販売している製品から得られる利益が最大化するのは実際の普及率が限界普及率の半分の水準になったところとされる。それ以下の水準だと市場規模が小さいため利益はまだ拡大余地があり,逆にそれ以上になると市場規模は拡大するが,参入する企業も増えるので価格競争が激化し利鞘が縮小する。もちろん,限界普及率の半分の水準で利益を最大

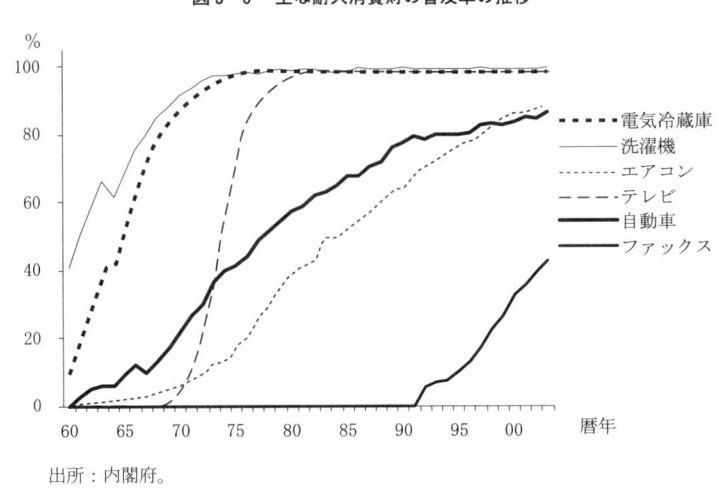

図5-6 主な耐久消費財の普及率の推移

出所:内閣府。

化するにはいち早く市場に参入し創業者利益を享受することが前提となるわけだが，最近は携帯電話に象徴されるように限界普及率までに要する時間が短くなっており，ますます製品開発・市場投入のスピードが収益に直結するようになってきている。

(3) 産業構造と利益の関係

スマイルカーブとは図5-7のことで，最近の日本企業の利益構造を説明する上でよく登場するイメージ図である。日本の製造業の中でバブル崩壊後の景気回復期に着実に利益をあげた品目をみると，半導体，鉄鋼等の部品産業と，ソリューションビジネスなどサービス産業である。一方，家電を筆頭に加工組立産業の利益率は相対的に低い。スマイルカーブはこのような産業別の収益状況を模式化したものである。なぜこのような状況になるかは，各産業の競争力が何で決まるか，と関係している。加工組立産業では人件費の安さで競争力が決まるため，人件費の高い日本では利益が出にくいが，その他の産業は生産技術など人件費以外の要因で競争力が決まるからである。

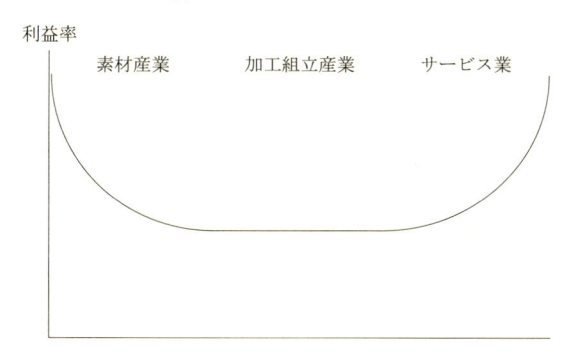

図5-7　スマイル・カーブ

・5章で紹介するデータの出所

 法人企業統計（財務省）：
   http://www.mof.go.jp/1c002.htm
 名目設備投資（内閣府・GDPベース）：
   http://www.esri.cao.go.jp/jp/sna/qe051/gdemenuja.html
 産業連関表（経済産業省）：
   http://www.meti.go.jp/statistics/index.html
 ※　次は80ページ

6章

為替レートと貿易に関する統計

《この章で学ぶこと》

この章では,為替レートと貿易について学習します。貿易など国際的な取引では外国通貨と国内通貨の両方が登場するので複雑な面もありますが,経済活動のグローバル化が進んでいる現在,是非見方を習得しておきたいところです。

1 為替レート

為替レートとは異なる通貨の交換比率のことであり，通貨価値を示すものと解釈できる。日本にとってもっとも重要な為替レートは円ドルレートであるので，円ドルレートを中心に為替レートのデータとその見方を解説する。

図 6-1 には第 2 次大戦後の混乱が一段落し，GHQ によって円ドルレートが 1 ドル＝360 円に設定された 1949 年以降現在に至るまでの円ドルレートの推移が示されている。1945 年から 1973 年までは固定相場制であるのでほとんど動きはない。わずかにニクソンショックを受けて 1971 年 12 月にレートが 1 ドル＝360 円から 308 円へと円が切り上げられたに過ぎない。ところが，1973 年 2 月に変動相場制に移行してからは時々刻々円ドルレートは変動する。外国為替市場における取引は貿易や資本取引などある目的のための手段として通貨と通貨を交換する「実需」と，通貨取引自体が目的の

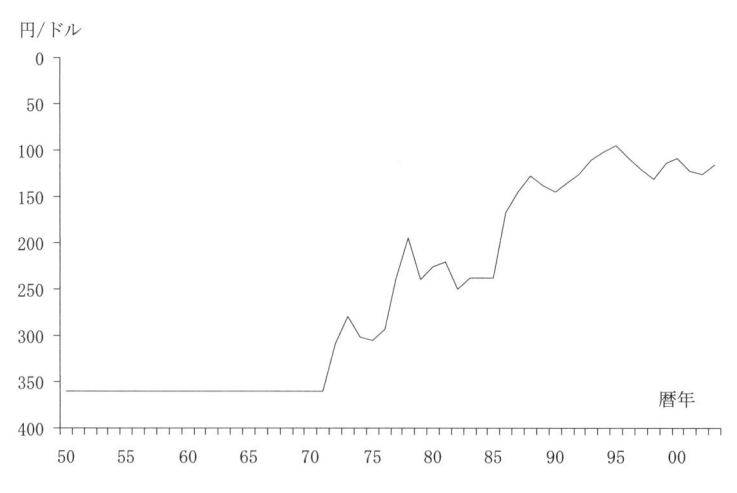

図 6-1 円ドルレートの長期的推移

注：円ドルレートをグラフ化する場合，このグラフのように目盛の大小を逆転し，値が大きくなると円高になるようにすることが多い。

「仮需」に分けて考えることができる。仮需とは投機のことであり，たとえば，円安のときに手持ちのドルを売って円を買い，円高になったら逆に円を売ってドルを買うことによって利益を得る。銀行や機関投資家などは為替の売買を1つの収益源としている。為替取引の1つの特徴は常に反対売買を伴う点にある。我々が海外旅行に行くときは円を売ってドルを買う。この場合，円売り＝ドル買いであり，ある通貨を売ることは他の通貨を買うことなのである。

為替レートの変動要因は実に多岐にわたるが，もっとも重要と考えられる貿易収支（円ドルレートの場合は日米貿易収支）と為替レートの関係を考えてみよう。日本の対米輸出が増えた結果として対米貿易黒字が拡大したとする。日本の対米輸出はたいていドル建てで行われるので，日本の輸出企業は対米輸出の代金をドルで受け取ることになる。しかし，ドルのままでは日本で使えないので，ドルを売って円に換える。これは，円高ドル安の要因になる。図6-2には日本の対米貿易収支と円ドルレートの推移が示されているが，おおむね円高局面では貿易黒字が減少し，円安局面では黒字が拡大する傾向がうかがえる。

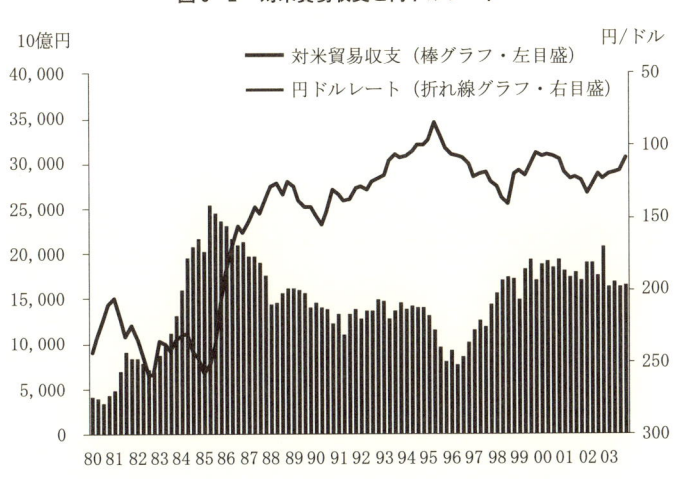

図6-2　対米貿易収支と円ドルレート

出所：財務省。

貿易収支のほかには金利,物価,景気などが為替レートに影響を与える要因となる。このうち,物価は短期というよりは中長期的な為替レートの方向を考える際の目安となる。

2　輸出入と貿易収支

　国境を越えて財やサービスの取引を行うことを貿易というが,自国から外国へ売ることを輸出,海外から購入することを輸入という。輸出や輸入というとモノをイメージする人が大部分であろうが,実はサービスも含まれる。ここでいうサービスとは,建設,金融,通信,旅行,運輸などである。たとえば,ユナイテッド航空を利用してハワイへ旅行するとき,航空運賃は運輸収支(支払)に,現地のホテル代やみやげもの代は旅行収支(支払)に計上される。利用する航空会社がユナイテッド航空ではなく,日本航空の場合は国境を越えて航空運賃の支払いが行われるわけではないので,運輸収支には計上されない。日本が巨額の貿易黒字を毎年計上していることはよく知られているが,中身をみると黒字を稼いでいるのはもっぱら製造業であって,サービスや1次産品(石油や鉄鉱石など)は大きな赤字(輸入超過)となっている。製造業についても,自動車,電気機械の2業種でトータルの貿易黒字(10.2兆円)を大きく上回る14.5兆円の黒字を計上しており(表6-1),競争力のある一握りの産業で黒字を荒稼ぎしているに過ぎないという現状が浮かび上がる。

表6-1　日本の貿易収支

単位：10億円

項　目	金　額
貿易収支合計	10,186
電気機械	6,474
自動車	8,067
その他	▲ 4,355

注：2003年のデータ。
出所：財務省。

＜コラム6：外国為替市場はどこにある？＞

　という質問をされたときに場所を正確に言える人が100人中何人いるであろうか。恐らくほとんどいないであろう。たとえば,株式市場(東京証券取引所：在東京都中央区兜町)ならば多くの人が知っており,何かの機会

に見学に訪れたことがある人もいるであろう。しかし，外国為替市場へ行ったことがある人はいないはずである。それは，少なくとも株式市場のような市場参加者が一同に会する形での市場というものが存在しないからである。外国為替市場の参加者は政府から許可を得た銀行（外国為替取扱銀行）に限られる。つまり，外国為替取引は銀行間取引（インターバンク市場）なのである。かと言って，銀行同士が直接取引するわけではなく，間に短資会社というブローカーが介在する。よく，テレビのニュース番組で為替レートのニュースが流れるとき，円卓に何人かの人が座って両手に受話器を抱えて取引を仲介している姿が映し出されるのを目にすることがあるが，あれが短資会社であり，強いて言えば短資会社が外国為替市場ということになる。

3 直接投資と空洞化問題

　直接投資とは，企業が生産拠点（工場）や事務所・店舗を海外に建設するために行われる投資のことである。企業がビジネス展開の国際化を図るときの最初の形態は輸出である。ところが，いくつかの理由で国内で生産し輸出することが困難になることがある。第一の理由は貿易摩擦である。輸出立国日本にとって米国は長らく最大の輸出相手国であったが，80年代に対米貿易黒字の大きさが政治問題化すると，現地に工場を建設し現地生産（そのための工場建設が直接投資）→現地販売によって，貿易摩擦を回避する動きが活発化した。第二の理由は国内生産の価格競争力低下である。80年代後半，円高が急速に進行し，85年2月に1ドル＝260円であった円ドルレートは88年12月には1ドル＝123円まで上昇した。円高は日本製品のドル建て価格を引き上げるので，価格競争力の低下をもたらす。そこで，価格競争力の強化を目指して，人件費の安いアジアへの直接投資が拡大した。

　そこで，気になるのがいわゆる「空洞化」の問題である。空洞化とは生産拠点を海外に移した結果，その分国内での生産が減少し，経済成長率の低下，失業率上昇などをもたらし，経済にマイナスの影響を与えることであ

表6-2 直接投資と貿易の関係

項　目	概　　要	貿易への効果
輸出拡大効果	アジアなど進出先国で部品や設備機械産業が未発達のため、これらを日本からの輸出でまかなう	輸出（＋）
輸出代替効果	現地での需要を従来の日本からの輸出に代わり、現地生産に切り替える	輸出（－）
逆輸入効果	家電製品などにみられるように、海外生産したものを日本へ輸入。いわゆる持ち帰り	輸入（＋）

る。実際に空洞化が生じているとすれば、それは輸出入・貿易収支に現れることになる。直接投資が輸出入に与える影響としては3つの経路が考えられる（表6-2）。まず、空洞化をもたらすと考えられるのが輸出代替と逆輸入である。輸出代替とは、これまで本国から輸出していたものが現地での生産に置き換えられることである。先述の貿易摩擦の例がこれに相当するが、現地生産・現地販売から一歩進んで本国へ輸出（本国からみれば輸入）するのが逆輸入である。たとえば、現在日本で消費されている家電製品の多く（プラズマテレビ・液晶テレビを除くテレビやエアコンなど）がアジア地域から輸入されているが、これは日本の家電メーカーによる現地生産・逆輸入である。輸出代替は日本の輸出を減らし、逆輸入は日本の輸入を増やすためどちらも日本の貿易黒字を減らす効果がある。これに対し貿易黒字を増やす効果があるのが輸出拡大効果である。海外直接投資が日本からの輸出を拡大する効果を有するというのは疑問に思う向きも多いかもしれないが、加工組立産業（家電や自動車など）が海外で工場を建設し生産を行う場合当然部品が必要となる。ところが、アジアなどの発展途上国の場合は部品産業が十分発達していないため必要な部品が現地で調達できないことが多い。そのような場合は日本から部品を調達しなくてはならなくなるが、これは日本からの輸出になる。また、現地の工場に設置する設備も日本から調達することが多く、このような場合も日本からの輸出に計上される。これらが輸出拡大効果である。

　図6-3には日本のアジア向け直接投資と貿易収支のデータが示されているが、直接投資の拡大と貿易黒字の拡大が同時進行していることがうかがえ

る。これは，輸出代替効果と逆輸入効果の合計よりも輸出拡大効果のほうが大きいことを意味している。アジアへの直接投資拡大は空洞化につながる恐れもなしとはしないが，アジア諸国の工業発展，経済成長に貢献するだけでなく，日本からの輸出拡大にもつながっているため，むしろプラスの面に目を向けるべきであろう。

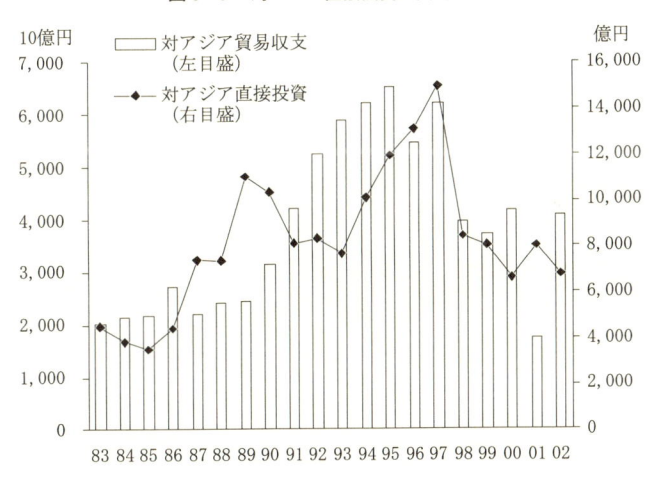

図6-3 対アジア直接投資と貿易収支

出所：財務省。

<コラム7：直接投資統計の問題点>

　日本経済における直接投資の重要性が年々高まっている一方で，それを捕捉する直接投資統計の整備は十分とはいえないのが現状である。直接投資に関する1次統計としては，財務省が年1回発表する直接投資届出統計がある。同統計は対地域・国別に金額と件数が計上されており，使い勝手のよい統計であるが，問題はその精度にある。つまり，届出統計ということは，「直接投資をしますよという届出はなされたものの，その後中止され実行されなかった案件や，何年もたってから実行された案件」なども含まれるということである。この様な案件の比率は年によって変動するものの，多い年には5割を上回るという説もある。国際収支統計の中の直接投

> 資統計は500万円以上の投資案件について送金ベースで計上された統計なので，より精度は高いかに思われるが，この統計も届出統計をベースに推計されているので，精度という点では似たり寄ったりである。

4　国際間の資本取引と国際収支

(1)　国際間の資本取引

海外への投資形態としては直接投資のほかに証券投資がある。証券投資とは，たとえば日本の投資家が米国の株式や債券（国債など）を購入することである。日本は経常収支が大きな黒字であるので，直接投資や証券投資などのかたちで資金が海外へ還流される。特に，米国は日本とは対照的に経常収支が巨額の赤字であるので，海外からの資金流入を必要としている。このように資金余剰の国（日本）から資金不足の国（米国）へと国境を越えて資金貸借が行われることを国際金融という。米国国債の最大の保有者は日本の機関投資家であり，日本からの資金流入が途絶えたら米国経済は麻痺状態に陥ることであろう。ともすれば，貿易黒字（ないし経常黒字）という面ばかりが注目されるが，その裏側では日本は直接投資や証券投資などのかたちで国際的な資金提供者としての機能を担っていることを忘れてはならない。

(2)　国際収支表

経常取引，資本取引など国際間の資金，財・サービスの取引をすべて網羅した統計が国際収支表である。2003年度の日本の国際収支表が表6-3に示されている。国際収支表は複式簿記の原理で作成されており，経常収支＋資本収支＋外貨準備増減が0になるように設計されている（0にならない場合，その差が誤差脱漏になる）。

経常収支は国際間の経常的な取引の収支尻を合計したものである。代表的なものは貿易収支（モノの輸出－モノの輸入）であるが，このほかにサービス収支があり，貿易収支とサービス収支の合計を財・サービス収支という。

表6-3　2003年度の国際収支　　　（単位：億円）

経常収支		172,972	資本収支		205,376
	財・サービス収支	96,052		投資収支	210,972
	貿易収支	132,991		直接投資	▲ 26,192
	輸　出	533,662		証券投資	▲ 34,663
	輸　入	400,671		その他投資収支	271,827
	サービス収支	▲ 36,941		その他資本収支	▲ 5,597
	輸送収支	▲ 8,931	外貨準備増減		▲ 342,768
	旅行収支	▲ 23,293	誤差脱漏		35,580
	その他サービス収支	▲ 4,717			
	所得収支	85,121			
	雇用者報酬収支	▲ 140			
	直接投資収益収支	9,744			
	証券投資収益収支	69,793			
	経常移転収支	▲ 8,202			

出所：日本銀行。

なお，輸出入については，通関貿易統計と違い国際収支統計ではどちらもFOBベースである。所得収支とは，国民（個人，企業，政府）が海外に有する資産が生み出した収益のうち国内に送金されたものの収支尻である。直接投資収益，証券投資収益で大部分を占めるが，直接投資収益とは文字通り，直接投資によって始まった海外での事業展開が生んだ利益のことであり，証券投資収益とは債券の利子と株式の配当である。経常移転収支とは海外への無償援助である。たとえば，日本政府が発展途上国へ援助を行う場合，贈与など無償援助の形態をとれば，経常移転収支（支払）に計上されるが，円借款の形態をとれば，それは資本収支に計上される。両者の違いは借り手国にとって返済義務があるかないかにある。

5　輸出構造の変化

　日本の産業構造は時代とともに変化している。ここでいう産業構造とは具

体的には各産業の生産額のシェアを指している。産業構造を決定あるいは変化させる要因は多岐にわたるが，もっとも重要なのは産業の国際競争力である。ある国がどの産業に国際競争力を有するかは工業の発展段階に依存するといってよい。工業化の初期段階においては家電や繊維製品などの労働集約型産業に競争力がある。これらの産業は，相対的にコストに占める人件費の割合が高く，人件費の安さが競争力の決め手となるからである。工業発展⇒経済成長⇒生活水準（＝賃金水準）上昇にともなって労働集約型産業の競争力が低下し，代わりに鉄鋼，化学，電気機械，自動車など資本集約型産業の競争力が高まってくる。資本集約型産業は別名装置産業ともいい，大きな費用をかけて設備投資を行い生産活動を行う産業である。経済発展に伴って国内の資本（この場合の資本は資金の意味）蓄積が進み，設備投資をまかなうことが可能になる。日本のように資本集約型産業がある程度行き着くと，次に目指す方向は知識集約型産業になる。具体的には，バイオ，IT，SI，ナノテクなどとなる。

輸出の品目別構成比は上記のような産業構造を反映し，時代とともに変化する。図6-4には60年代以降各時代の日本の輸出をリードした産業の輸出

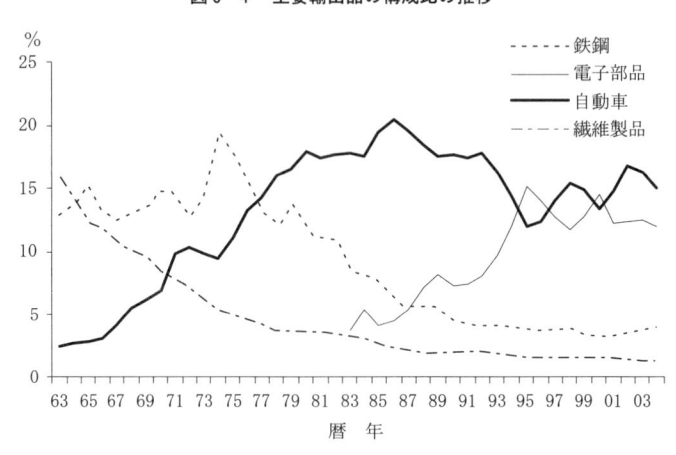

図6-4　主要輸出品の構成比の推移

出所：財務省。

構成比（輸出全体に占める比率）の推移を示している．それによると，60年代前半までは繊維製品（衣類）が輸出のリード役であったが，70年代に入るとアジア諸国に競争力を奪われ，鉄鋼が代わってトップに躍り出る．80年代に入ると鉄鋼が凋落し，自動車が輸出を牽引するようになる．自動車の天下はその後20年以上にわたって続き現在に至っている．80年代後半から90年代前半にかけて比率が低下しているが，これは貿易摩擦により現地生産を増やした結果（輸出代替効果）である．しかし，その後2000年代へかけて再び比率が上昇しているのは，トヨタを中心に日本の自動車メーカーが国際競争力の強化を怠りなく続けてきた結果である．

　90年代に入ってから輸出を拡大し，自動車と並んで輸出の2本柱に成長したのが半導体などの電子部品である．自動車と電子部品という一見まったく違う2つの産業が日本の輸出をリードするにいたった要因には共通項がある．それは，どちらも部品の競争力が決め手であるということである．完成品としての自動車は加工組み立て産業であるが，日本の自動車産業の競争力を支えているのは部品産業の強さであるといわれる．そう考えると，日本の製造業の競争力は部品産業にあるといっても過言ではない．

・6 章で紹介するデータの出所

 貿易統計（財務省）：
  http://www.customs.go.jp/toukei/srch/index.htm
 直接投資統計（財務省）：
  http://www.mof.go.jp/bpoffice/bpfdi.htm
 国際収支統計（日本銀行）：
  http://www.boj.or.jp/stat/stat_f.htm
 ※　次は 92 ページ

7章

物価動向と統計

《この章で学ぶこと》

この章では物価に関する統計とその見方について解説します。さらに，90年代以降の日本経済の大きな特徴の1つであるデフレ現象とその要因をデータで探ります。この機会に物価変動が経済全体にとってどういう意味を有するかにも目を向けましょう。

1 物価統計の種類

　物価とは文字通り解釈すれば「物の価格」ということになるが，我々が物価という言葉を使うときは必ずしもモノに限定せず，サービスや時には地価などの資産価格にまでその範疇は広がる。物価統計はどこまでをカバーするかによって，作成する主体やその種類が異なる。まず，モノに関するデータとしては日本銀行から発表される月次データ「国内企業物価指数」がある。国内企業物価指数は2002年12月までは国内卸売物価指数と呼ばれていた。名称が変更されたのは，流通の簡素化にともなってあえて卸売段階の物価だけを注目することの意味が薄れてきたからである。国内企業物価指数ではほとんどの製品は生産者段階の価格が採用されているが，薬品や食品などは1次卸段階の価格を採用する品目が多い。消費者物価指数は小売段階における財・サービスの価格に関するデータである。したがって，国内企業物価指数との違いはサービスを含む点と，流通段階における中間マージンを含む点である。図7-1には，71年以降の消費者物価上昇率－国内企業物価上昇率

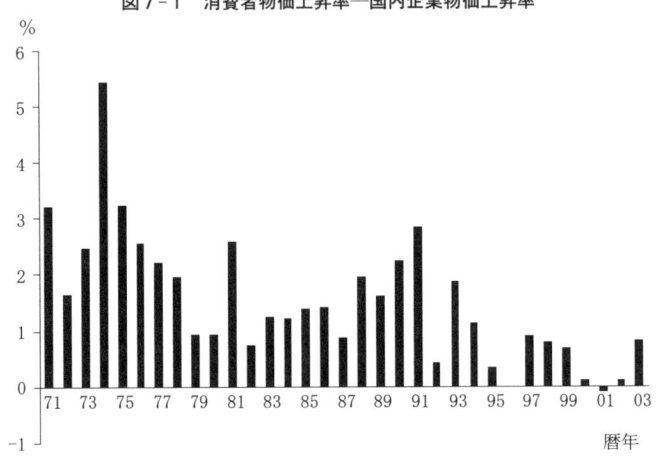

図7-1　消費者物価上昇率―国内企業物価上昇率

注：消費者物価は財総合，国内企業物価は消費財ベース。
出所：総務省，日本銀行。

(いずれも消費財ベース)が示されている。このデータは，中間マージンがどの程度増えているかを示すデータと解釈できるが，90年代以降不況とデフレ，競争激化でマージンが伸び悩んでいる状況がみてとれる。

企業サービス価格指数は企業がビジネスで利用するサービスの価格である。具体的には，金融・保険，運輸，通信，リース・レンタル，諸サービスなどに大別される。

2 インフレとデフレ

インフレとは物価上昇，デフレとは物価下落のことである。ここでは，日本経済におけるインフレとデフレの歴史について概観し，現在の日本がおかれている状況を考える手がかりとしたい。

物価はよく経済の体温といわれるように，物価が上昇しているときは経済活動が活発化し，ときには過熱していることを示唆する。図7-2には60年代以降の物価上昇率（国内企業物価）が示されているが，80年代後半に急激な円高によって落ち込んだのを除けば，90年代初頭まで一貫して物価が

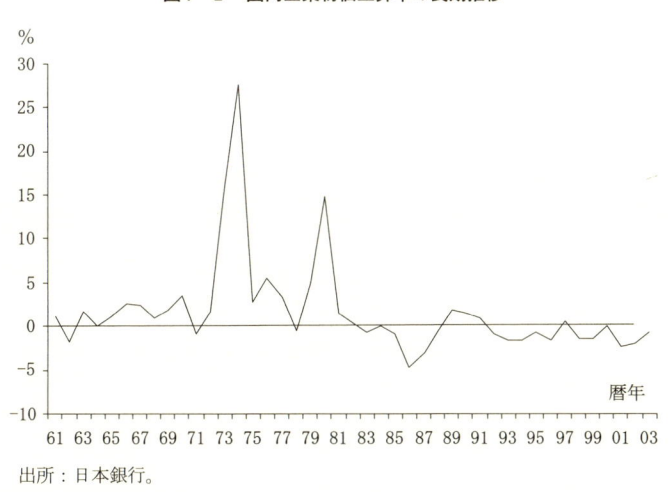

図7-2 国内企業物価上昇率の長期推移

出所：日本銀行。

上昇してきたことがわかる。もちろん，この間にも景気後退期はあったわけで，物価上昇率の大きさによって好不況が分かれたといってよいであろう。インフレの要因は基本的には需要側にある。個人消費や設備投資など需要が旺盛になると物価は上昇し（あるいは物価上昇率が高まり），需要が減退するとその逆の現象がおきた。インフレは企業の税負担を重くし，家計の購買力（実質所得）を低くするので経済にとっては好ましくないとされる。したがって，長らくインフレとの戦いが政策当局の最大の課題であったといってよい。特に，日本銀行は「インフレファイター」との異名をとり，金融政策によってインフレを抑制することが大きな使命であった。

長いインフレとの戦いの中で，唯一需要サイドではなく供給サイドに起因するインフレが70年代の2度にわたるオイルショックである（いわゆるコストプッシュインフレ）。需要サイドに起因するインフレであれば，インフレ＝好景気といってもよいわけであるが，オイルショックの場合は景気とは関係なく原油価格上昇をきっかけとして経済全体にインフレが蔓延していくことになる。そして，インフレが需要減退を招くことによって，不況と物価上昇が同時進行するスタグフレーションに陥った。70年代のインフレが深刻であったのは，インフレがスタグフレーションにつながったことによる。

景気と物価との関係に異変が生じたのは，80年代後半バブル期を迎えてからである。86年〜90年の実質GDPの平均成長率は5.5%であるが，消費者物価上昇率の年平均は1.5%に過ぎない。それまでの経験ではこれだけの高成長なのにこれだけしか物価が上昇しないのは考えられないことであった。これにはいくつかの理由が考えられるが，輸入拡大や生産性上昇など供給側の要因によるところが大きいとみられている。90年代に入りバブルが崩壊すると，日本の物価はかつて経験したことのない未体験ゾーンへ突入する。デフレである。デフレは国内企業物価では91年11月から，消費者物価では99年2月から始まり，今日に至っている（図7－3）。

先進諸国のなかで本格的なデフレを経験した国はほとんどないといってよい。次節ではデフレの要因についてデータをみながら考察する。

図7-3 消費者物価（CPI）と国内企業物価（CGPI）上昇率

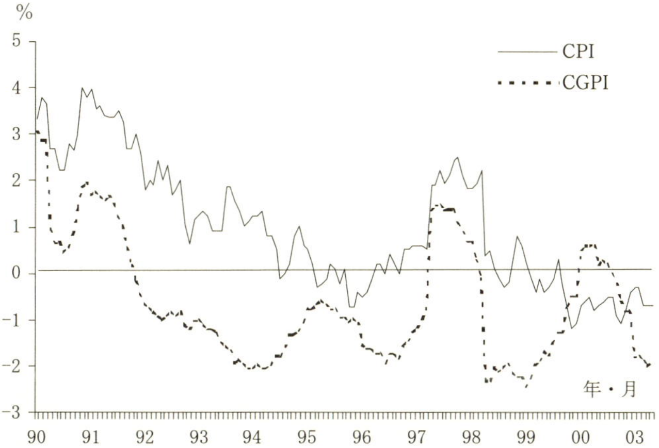

注：97年度がプラスになっているのは消費税率引き上げの影響。
出所：総務省、日本銀行。

3　データでみるデフレの要因

　物価が変動する原因は需給関係である。需給関係を端的に示すデータは需給ギャップである。しかし、需給ギャップというデータは少なくとも1次データとしては存在しない。そこで、筆者が試算した需給ギャップのデータを紹介する。図7-4には94年以降のGDPギャップ（需給ギャップの一例）と物価（GDPデフレータ）上昇率を示してある。GDPギャップはGDP－潜在GDPの式で求められる。潜在GDPとは供給サイドからみて達成可能なGDPのことであり、供給能力を示す。企業が生産活動を行うとき、投入する生産要素は資本（設備）か労働である。平たくいえば、人（労働）が作るか機械（設備）が作るか、あるいはその両方が作るかということである。GDPギャップがプラスのときは需要（GDP）が供給能力を上回っていることを示し、物価上昇圧力が高くなる。これをインフレギャップという。逆に、GDPギャップがマイナスのときは需要が供給能力を下回っているので物価下落圧力が働く。これをデフレギャップという。図7-4をみればわ

図7-4 GDPギャップと物価

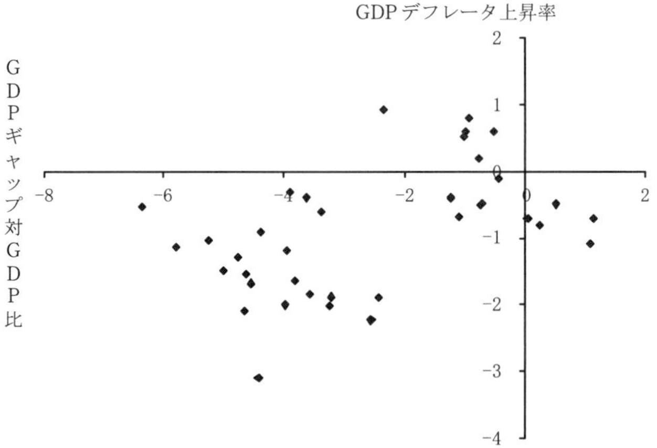

（注：単位はいずれも％。
出所：内閣府，GDPギャップは筆者試算による。）

かるように，90年代以降のデフレの要因を一言で片付けるとすればデフレギャップということになる。

では，デフレギャップの要因は何なのか。通常の景気循環（好況と不況を繰り返すこと）の中では，インフレギャップとデフレギャップを交互に経験するのは不思議なことではない。ところが，図7-4をみればわかるように90年代以降はほぼ恒常的にデフレギャップ状態にあるため，これは景気循環によるものではなく，構造的なものであるとみるのが妥当である。では，デフレをもたらす構造的な要因とは何であろうか。

まず，90年代以降の日本経済を取り巻く環境変化として経済のグローバル化を挙げることができる。特に，中国などアジア地域への日本企業の進出により，消費財（衣服，家電製品など）を中心とする最終財の輸入依存度が高まった。国内市場における輸入品の割合を示すデータを輸入浸透度といい，経済産業省から発表される「総供給表」によって以下のように計算される。

輸入浸透度＝輸入財÷国内総供給

図7-5には85年以降の輸入浸透度の推移が示されているが，輸入浸透度は上昇トレンドにあり物価下落の大きな要因となっていることが想像できる。このデータだけでデフレ＝安い輸入品流入とは決めつけられないが，輸入が物価に大きな影響を与えていることは十分予想される。

輸入が物価に与える影響は直接的なものだけではない。ここでいう直接的な影響とは安い輸入品が市場に出回ることで物価水準が下落することであるが，安い輸入品が消費者の支持を得れば，対抗上国産品も値下げを余儀なくされる。たとえば，衣料品などはよい例である。このように，輸入浸透度の上昇を契機として，物価体系全体が大きな変化を迫られるのである。輸入以外のデフレの要因としては，国内需要の低迷に目を向ける必要がある。デフレギャップとはGDPギャップがマイナスであることであるので，その要因は，需要側（GDP）か供給側（潜在GDP）のいずれか，あるいはその両方にあるということになる。需要側要因によるデフレとは，要するに景気が低迷し需要が不足することによって値下げを余儀なくされるということである。卑近な例では，スーパーが夕方になると生鮮食品などを値引きして売り尽くそうとする。これは，供給量に対して需要が足りないので，需要を作り

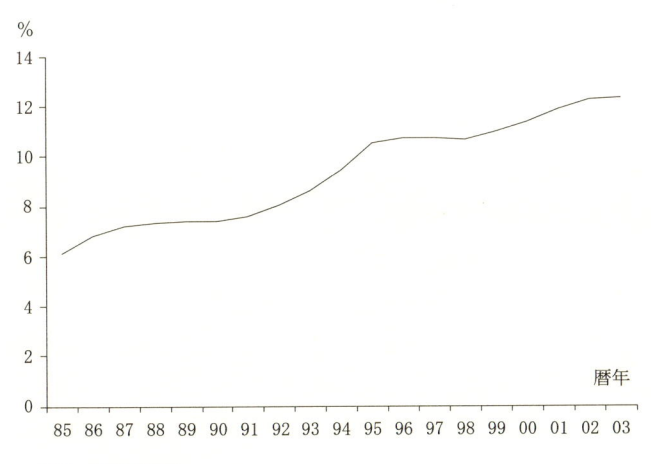

図7-5 輸入浸透度の推移

出所：経済産業省。

図7-6 実質GDP成長率の推移

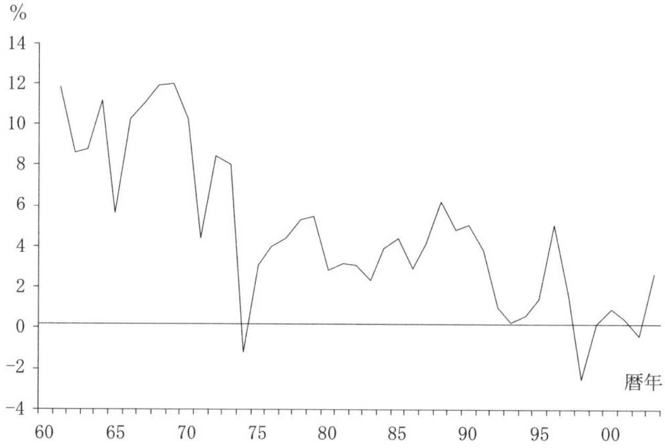

出所:内閣府。

出すために価格を引き下げるのである。

経済全体で需要が低迷しているかどうかはGDP成長率をみればわかる。図7-6には，60年代以降の実質GDP成長率（名目GDP成長率－GDPデフレータ上昇率）の推移が示されているが，70年代にオイルショックで成長率が鈍化し，80年代後半にバブルでいったん上昇した後，90年代以降は低迷している。最近のデフレの要因は需要不足にあるので，財政政策やインフレターゲットなどの金融政策で需要を創出しデフレを克服するべきだという議論が盛んに行われるのは，このような事実が背景にある。

4 物価における期待の役割

経済制度が原始的な物々交換制度から貨幣経済へ進化したとき，人類は貯蓄が可能となった。貯蓄が可能になるということは今年の可処分所得をすべて消費に振り向ける必要はなく，消費のタイミングを自分で選べるということになる。これを消費の時間選好という。消費，特に耐久消費財の時間選好を決定する大きな要因として，将来の物価に関する期待（予想）がある。ひ

とたびデフレに陥ると，人々の物価に関する期待もインフレ期待からデフレ期待へと変わる。デフレ期待が強くなると消費者は消費を手控えるようになる。時間をおけばさらに物価が下がると考えるからである。そうなると，景気はいっそう悪化し，所得が減り消費を抑制せざるを得なくなる。このような悪循環をデフレスパイラルといい，政府がもっとも恐れる事態である。日本経済がデフレからなかなか脱却できないのは，デフレ期待が強く「デフレの慣性」が作用しているからだという見方がある。したがって，今後の景気を展望するに当たって物価の期待が果たす役割は大きい。人々の期待をデータで把握するのは非常に困難であるが，期待インフレ率を計測する方法としてしばしば試みられる手法にカールソン・パーキン法がある。カールソン・パーキン法は，先行きに関するアンケート結果が得られたとき，統計学的仮定をいくつかおいて，期待を定量的に計算する方法である。

5　物価変動が経済に与える影響

　最近よく耳にする議論として，何％程度の物価変動率が経済にとって望ましいかということがある。過度のインフレは困るが，かといってデフレも困る，1～2％程度のインフレが経済にとって心地よい物価変動のペースであるというのが，多くのエコノミストの共通認識となっているようである。しかし，デフレになる前は，多くの国民が「日本は海外に比べて物価が高すぎる。もっと物価を下げるべきだ。」という意見を有していたのに，なぜ，いざデフレになってみると，手のひらを返したようにデフレは好ましくないと思うようになったのだろうか。それを理解するには，デフレが実体経済に与える影響を多面的に考えなくてはならない。

　物価の変動は名目と実質の乖離をもたらす。たとえば，名目的な（実際の）所得が月10万円で変わらないとする。ここで，物価が5％低下すれば，月10万円の所得の実質的な価値（購買力）は5％増える。つまり，同じ10万円でも買えるものが増えるということである。したがって，所得が一定ならばデフレは雇用者にとって望ましい。しかし，デフレの副作用は，雇用が

90　I部　基礎編

減少（失業が増加）するところにある。図7-7には80年以降の物価上昇率と失業率の推移が示されている。これをフィリプスカーブというが，物価上昇率と失業率の間には明らかに逆相関の関係がみてとれる。つまり，デフレは失業率の上昇をもたらしている。そのプロセスは次のとおりである。デフレは企業の売上（収入）を減らす。収入の減った企業は，利益を確保するためにコスト（支出）を減らさなければならない。企業の支出項目のなかでもっとも大きな費目は人件費（給料等）である。したがって，コストを削減しようとすれば，人件費に手をつけざるを得ない。人件費を減らす方法は大きく言って2つある。1つは数量調整（雇用者数の削減），もう1つは価格調整（賃下げ）である。数量調整は具体的には解雇や早期退職など一部の雇用者にとって厳しい結果をもたらすが，それ以外の雇用者には影響がないのに対し，価格調整はみんなで痛みを分かち合うことになる。最近注目されているワークシェアリングは価格調整に属する。日本では，伝統的に終身雇用の習慣があったため，数量調整はなるべく避ける傾向があった。しかし，未曾有のデフレはいままでタブーとされてきた数量調整を企業に強いる結果と

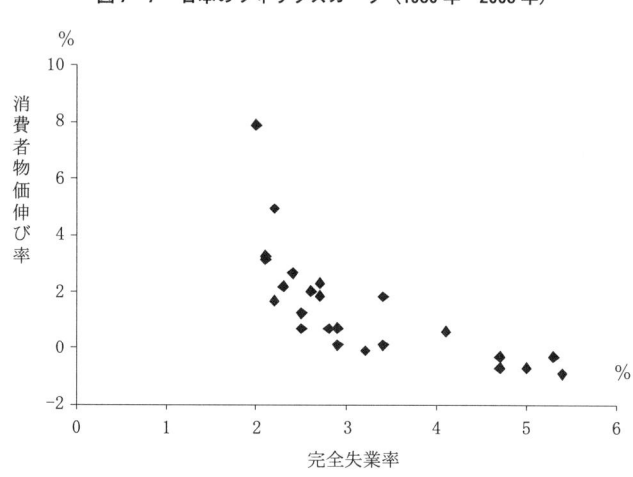

図7-7　日本のフィリプスカーブ（1980年-2003年）

出所：総務省。

なった。リストラと呼ばれる企業の雇用調整である。図7-7は，このような企業の苦しい状況を示唆しているのである。

　以上が基本編であるが，次にもう一歩踏み込んで応用編を考えてみたい。バブル崩壊後深刻化した問題の1つに不良債権問題がある。不良債権問題は地価下落による不動産融資の焦げ付きが発端であるが，より深刻化させた犯人がデフレである。デフレは債権者（貸手）に利益を与え，債務者（借手）に損失をもたらす。債務額はデフレになっても変わらないのに対し，返済の原資となる所得がデフレで伸び悩むからである。デフレの進行とともに銀行の不良債権が膨張していった背景にはこのような債務者損失があったことを無視できない。デフレは単にフローの所得や雇用に影響を与えるだけでなく，ストックや金融面にも影響を与えるのである。

・7章で紹介するデータの出所

　国際企業物価指数（日本銀行）：
　　　http://www.boj.or.jp/stat/stat_f.htm
　消費者物価指数（総務省）：
　　　http://www.stat.go.jp/data/cpi/index.htm
　輸入浸透度（経済産業省「鉱工業総供給表」）：
　　　http://www.meti.go.jp/statistics/index.html
　※　次は 104 ページ

8章

雇用動向と統計

《この章で学ぶこと》

この章では雇用に関する統計の見方を学習します。雇用統計には，有効求人倍率など労働市場の需要サイドに関する統計と，完全失業率など供給サイドに関する統計があります。どの統計が労働市場のどの面を表わしているのか見極めてほしいと思います。

1 有効求人倍率：労働市場の需給関係を示す統計

　労働市場とは労働の需要（企業）と供給（労働者）が出会う場である。株式市場のように具体的な場所があるわけではないが，強いて一例を挙げるとすれば，ハローワークが該当しよう。労働需給を表わす具体的なデータであるが，需要側のデータとしては厚生労働省「職業安定業務月報」の有効求人数，新規求人数を挙げることができる。有効求人数とはある時点における企業側の求人（需要）の総数であり，新規求人数とはそのうち新たに追加された求人数のことである。有効求人数に対応する供給側のデータとしては有効求職者数を挙げることができる。そして，有効求人数÷有効求職者数，すなわち求職者1人あたりにどれだけの求人があるかを示すデータが有効求人倍率である（図8-1）。通常，労働需要が旺盛かどうかを判断する指標としては有効求人倍率が使われることが多い。有効求人倍率が1を上回れば相対的

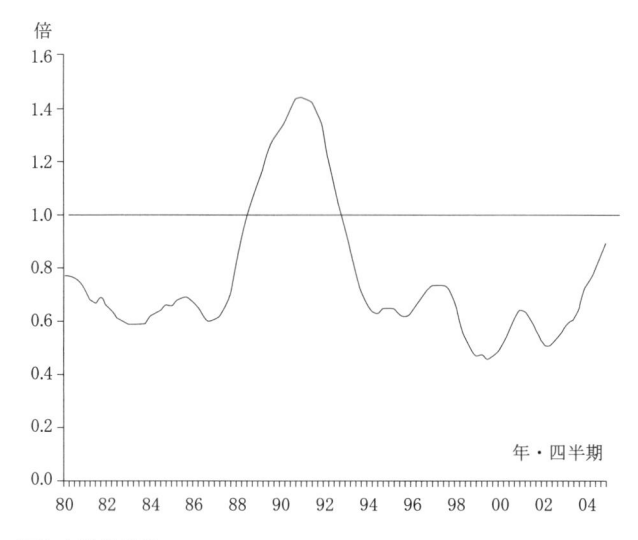

図8-1　有効求人倍率の推移

出所：厚生労働省。

に需要が旺盛であり，1を下回れば需要が不足しているとみなすことができる。また，恐らく雇用統計のなかでもっとも多くの国民になじみの深い統計が失業率統計であるが，失業者の定義は「就職を希望しかつ就職活動をしているにもかかわらず，就職できない人」であるから，労働市場の超過供給（供給−需要）を表わすデータとして位置づけることができる。失業率については次節で詳しく説明する。

2　失業率統計：労働市場の余剰労働力を示す統計

(1)　失業率トータルの統計

総務省が月次で発表している「労働力調査」では完全失業率というデータが発表される。完全失業率は完全失業者数÷労働力人口で計算される。図8-2には完全失業率の推移が示されているが，90年代以降はひたすら上昇基調をたどっていることがわかる。2004年12月の完全失業率は4.4%であり，最悪期は脱しつつあるものの，依然高水準が続いている。

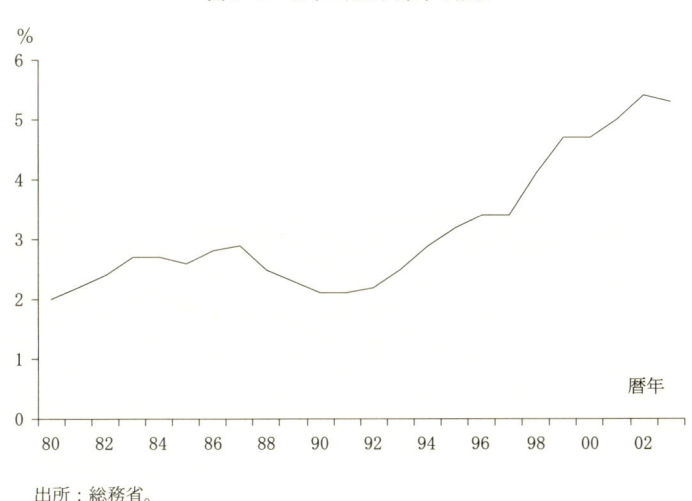

図8-2　日本の完全失業率の推移

出所：総務省。

(2) 年代別・男女別失業率

図8-3には年代別失業率，図8-4には男女別失業率の推移がそれぞれ示されている。まず，年代別失業率では，若年層（15～24歳）の失業率がほぼ一貫して高い。これは，新卒者の就職難など景気要因によるものもあるが，どちらかというと，まだ高いスキルを有しないなどミス・マッチ要因によるものが多いと推測される。むしろ，90年代以降失業率全体が上昇しているなかで，若年層の上昇幅が大きくなっており，2003暦年平均で10.1％と2ケタに乗っている点に注目する必要があろう。バブル崩壊後，企業は過剰労働力をどう調整するかに腐心してきたが，もっとも手っ取り早い手段としてまず新卒者の採用を絞り込むことを選択した。よく，中高年のリストラが注目されるが，このデータを見る限り，雇用調整のしわ寄せはむしろ若年層へ偏っていたことがうかがわれる。その結果がフリーター，ニートの増加につながっている。

男女別失業率をみると，94年までは男性の失業率が女性の失業率を下回っていたが，96年に並び，97年以降は逆転しその差は徐々に拡大してい

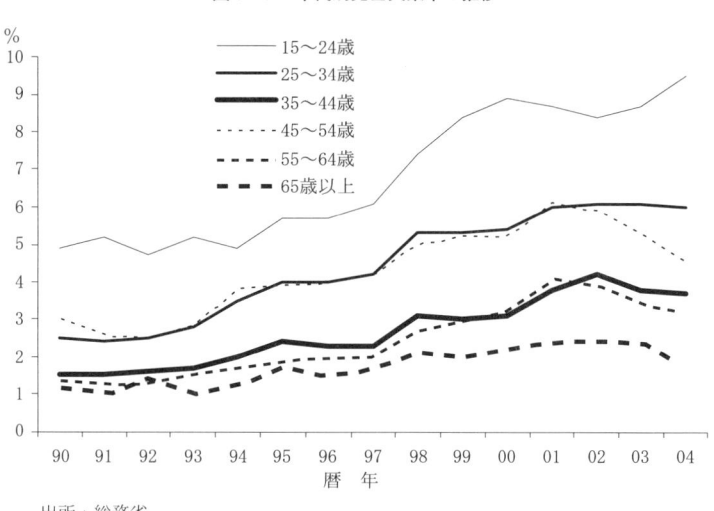

図8-3 年代別完全失業率の推移

出所：総務省。

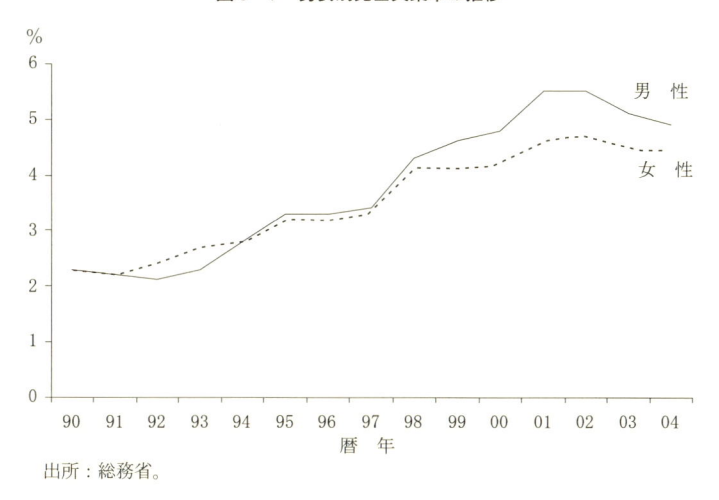

図8-4　男女別完全失業率の推移

出所：総務省。

る（図8-4）。これは，女性の場合，就職難からディスカレッジド・ワーカーになったり，パートや人材派遣など多様な雇用形態での就職が可能であるため，失業者のまま労働市場にとどまるケースが少ないのに対し，男性はディスカレッジド・ワーカーになるわけにもいかず，かつ，非常用雇用での就職にも抵抗があったりなどなかなか失業状態から脱出できない場合が多いことが影響していると見られる。

(3) 失業率の要因分解

失業率を低下させようとしたときに，どこまでなら下げられるのだろうか。ディスカレッジド・ワーカーまで含めると話が複雑になるので，完全失業率に限定して考えてみたい。マクロ経済学では，労働市場が均衡する失業率を自然失業率と呼んでいる。自然失業率の計算はUV分析という手法を使って行われる。図8-5には完全失業率と筆者が計算した自然失業率の推移が示されているが，90年代以降自然失業率の上昇にともなって完全失業率が上昇していることがわかる。これは，製造業の海外展開やIT化の進展にともなう産業構造の変化から雇用のミスマッチが生じていることを意味す

る。たとえば，製造業では過剰雇用を抱え常に失業率上昇圧力があるが，一方ITや福祉の分野では人手不足に悩んでいる。産業間での労働移動が円滑に進めばこのようなミスマッチによる失業は解消するのだが，それには職業訓練によるスキルアップはもとより求人，求職双方の希望の不一致など克服すべき課題が多い。

完全失業率と自然失業率の差を需要不足失業率と呼ぶ。需要不足失業率とは景気の悪化により求人（労働需要）が不足したため発生する失業である。図8-5をみると90年代以降需要不足要因による失業が急拡大していることがうかがわれるが，これは，デフレと不況により労働需要が落ち込んだためである。

以上から，失業率のうち自然失業率の部分は「能力や待遇，地域などのミスマッチにより発生している失業」なので解消には時間がかかるが，需要不足失業率の部分は景気がよくなれば低下する。したがって，完全失業率を政策的に引き下げようと思った場合の当面の目標は自然失業率ということになる。

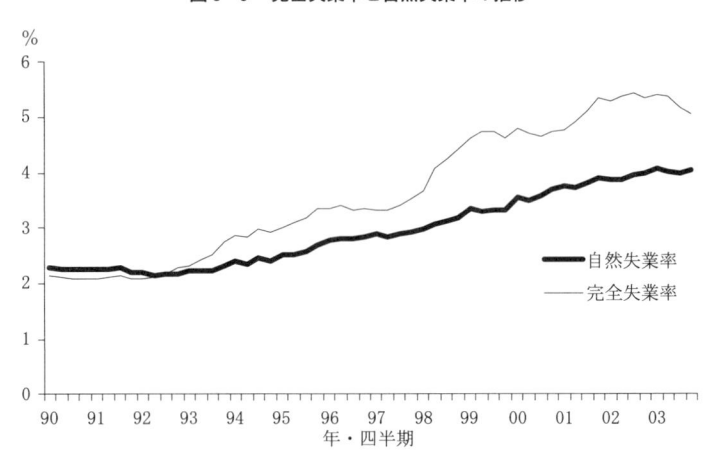

図8-5 完全失業率と自然失業率の推移

出所：UV分析を用いて筆者試算。

(4) ディスカレッジド・ワーカー：統計に表れない失業者

完全失業率のサンプルは全国から無作為に抽出された 40,000 世帯（10 万人）であるので当然誤差を含んでいることは覚悟しなければならないが，その点を割り引いても，見方には注意が必要である。まず，「完全失業者」＝「すべての失業している人」ではないという点である。先述のように，失業者として認定されるには，就職の意思があってかつ就職活動をしている失業者でなければならない。したがって，たとえば専業主婦や年金生活者などは定職について収入を得ているわけではないが，失業者には含まれない。また，ディスカレッジド・ワーカーといって就職の意思はあるものの，就職をあきらめてしまった人も失業者には含まれない。「労働力調査」にはこのようなディスカレッジド・ワーカーの統計も収録されていて，2003 年 7～9 月期の時点で 202 万人に達している。この時期の完全失業者（340 万人）とディスカレッジド・ワーカーを合計すると労働力人口の 7.9％に達する。雇用の実態を正しくつかむには失業率だけみていたのでは不十分である。

(5) 景気と失業率の関係

一般論としては，失業率は景気に対する遅行指標として位置づけられる。つまり，景気がよくなった後に失業率が低下し，景気が後退し始めてから失業率が上昇するということである。これは，日本企業の特徴的な雇用慣行である終身雇用制と無縁ではない。たとえば，景気が後退に向かうと企業業績も悪化に向かう。このとき，本来なら雇用を削減し収益悪化に歯止めをかけたいところだが，終身雇用制のためにすぐにはできず，雇用調整をしないと深刻な収益悪化を招く状況になってはじめて人員削減に踏み切るのである。2002 年 1 月以降の景気回復局面でも失業率は上昇を続け，2003 年 3，4 月に記録した 5.8％が統計を取り始めて以来最悪（最高）の数値となっており，失業率が明らかに低下トレンドに転じたのは，景気回復が始まって 1 年 5 ヶ月後の 2003 年 6 月である。

3 就業構造に関する統計

　求人，求職，失業といったマクロレベルの雇用統計は毎月集計，公表されるが，就業構造に関する詳細な統計としては，総務省から5年に1度発表される「就業構造基本調査」がある。これは，全国110万世帯を対象としたアンケート調査であるが，男女，年齢，所得，産業，職種，学歴別などで細かい統計が収録されている。調査の都度項目が入れ替わり，必ずしも連続性のあるデータとはいいがたいが，ここでは，直近の97年および2002年調査の中からいくつか代表的な項目を選んで紹介してみたい。

　表8-1には，職種別雇用者数とその構成比が示されている。もっとも雇用者数が多い職種は生産工程・労務作業であり，以下，事務，専門的・技術的職業，販売，サービスと続く。

表8-1　職種別雇用者数

職　種	人数(人)	構成比
専門的・技術的職業	8,997,500	14%
管理的職業	2,046,500	3%
事　務	12,750,500	20%
販　売	9,375,100	14%
サービス	6,276,700	10%
保　安	1,034,800	2%
農林漁業	2,978,000	5%
運輸・通信	2,195,000	3%
生産工程・労務作業	18,452,800	28%
分類不能	902,400	1%

出所：総務省2002年『就業構造基本調査』。

　表8-2には，雇用形態別雇用者数とその構成比が示されている。社長，取締役など役員は全体の7％に過ぎず，また，臨時雇用（パート，アルバイト，派遣社員，契約社員，嘱託など）が2ケタの比率に達していることが

表8-2　雇用形態別雇用者数

雇用形態	人数(人)	構成比
役　員	3,895,000	7%
一般常用雇用	42,981,800	79%
臨時雇用	6,285,600	11%
日雇い	1,570,100	3%

出所：総務省2002年『就業構造基本調査』。

わかる。表8-3には，産業別，男女別平均継続就業年数が示されているが，まず，男女で比べた場合，農林漁業，鉱業以外では男性の継続就業年数が女性をかなり上回っている。産業ごとの違いを見ると，第1次産業より第2次産業，第3次産業の方が継続就業年数が短い。特に，金融・保険やサービスなど労働集約的産業の継続就業年数が短くなっている。

図8-6には，男女別転職希望理由が示されている。それによれば，男女とも高い比率なのは，収入が少ない，時間的・肉体的負担が大きいなどであり，男性で目立って高いのは将来性がない，女性で目立って高いのは一時的についた仕事だから，家事の都合などがある。

表8-3 産業別平均継続就業年数

	人数(人)	男	女
農　業	29.3	28.9	29.8
林　業	22.8	22.9	22.2
漁　業	25.0	26.2	22.1
鉱　業	15.5	15.9	12.5
建設業	16.1	16.9	11.9
製造業	14.7	16.8	10.9
電気・ガス・水道等	17.4	18.3	11.0
運輸・通信	14.1	15.0	9.2
卸売・小売・飲食店	13.6	15.8	11.3
金融・保険	12.5	15.3	9.4
不動産	13.3	14.1	12.1
サービス	12.4	14.0	10.9
公　務	17.4	18.5	13.0

出所：総務省97年『就業構造基本調査』。

図8-6 男女別転職希望理由（比率）

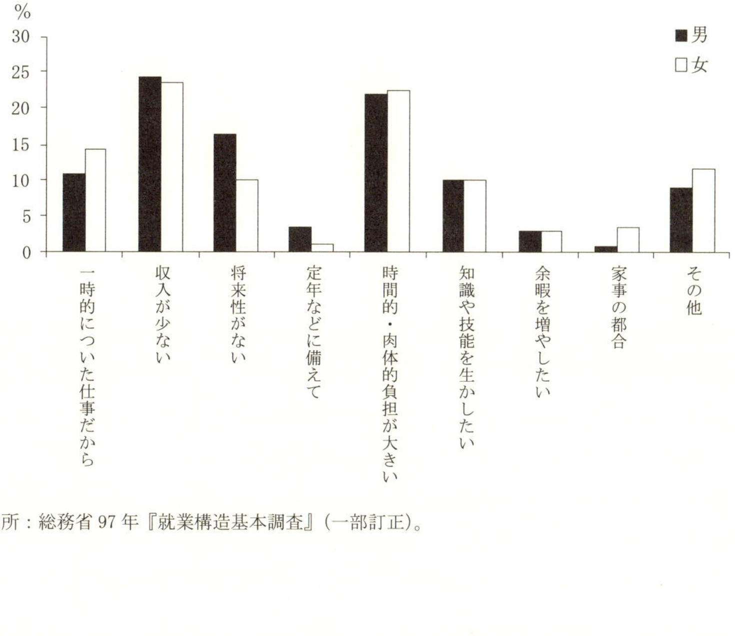

出所：総務省97年『就業構造基本調査』（一部訂正）。

4　IT化の進展と雇用

　ITというとインターネットを思い浮かべる人が多いであろう。インターネットの普及にともなうIT化の進展は企業にとって新しいビジネスチャンスをもたらすと同時に生産性を向上させる効果が期待される。いわゆるIT産業，およびその関連産業では当然雇用が増えるわけだが，経済全体でみるとIT化の進展が雇用に与える影響は必ずしもプラスとは限らない。一例として流通業界を挙げてみたい。流通段階は生産⇒卸売（1次卸売・2次卸売）⇒小売となる。かつて先進諸国のなかで日本の失業率が低く物価が高い理由として日本の流通段階の複雑さがよく指摘されてきた。流通段階が増えると，雇用機会が増えるかわりにそのたびにマージン（利益）が価格に転嫁され物価が高くなるためである。しかし，IT化の進展によりインターネットショッピングなどのいわゆるeコマース（電子商取引）が普及し，生産者と消費者が直結するようになると，卸売業者の必要性が低下し流通が簡素化する。流通の簡素化は物価を低下させるかわりに雇用機会を減らすため失業の増加につながる。これは7章で紹介したフィリップスカーブに沿った動きでもあり，不可避なものといえよう。消費者にとってはeコマースの普及，拡大は消費の利便性を促進し，物価下落をもたらすのでありがたい限りであるが，一方雇用機会の喪失にもつながるので喜んでばかりもいられないといったところである。

　流通以外の業界においても，IT化による生産性の向上から雇用が抑制される効果が予想される。このようにIT化が雇用に与える影響にはマイナスの面もあるが，IT化の進展により経済成長が促進されれば，それによる雇用拡大効果が期待されるわけで過度の悲観は禁物である。表8-4には平成11年版の経済企画庁（現内閣府）「経済白書」（正式名称は年次経済報告）で試算されたIT投資の雇用への影響（90年〜97年累計）が示されている。それによれば，日米ともIT投資による雇用削減効果（雇用代替効果）が大きくみられるが（日本では▲194万人），それ以上にIT産業における雇用創

出という直接効果や，IT主導の経済成長による他産業での雇用創出（合計で335万人）などプラスの効果の方が大きいとしている。

表8-4　IT投資の雇用への影響

	日　本	アメリカ
雇用代替効果	▲194万人	▲248万人
経済成長による雇用創出効果	335万人	1,394万人
うちIT投資による雇用創出	172万人	588万人
その他雇用創出要因	415万人	▲69万人
合　計	556万人	1,077万人

注：日米とも90年～97年の累計。
出所：内閣府『経済白書』平成11年版。

雇用代替効果とは，労働⇒資本（この場合はパソコンやインターネットなど）への生産要素の代替により雇用が削減される効果という意味であるが，今後少子高齢化で長期的には労働力（特に若年労働力）の不足が懸念されるなか，IT投資による雇用代替効果が労働力不足を緩和するというプラスの効果を発揮すると期待される。

＜コラム8：成果報酬の是非＞

日本企業の長年の慣行の1つであった年功序列賃金が徐々にではあるが崩れ始めている。代わりに導入されているのが，能力給制度，成果報酬制度など個人の働きに応じて賃金を差別化する制度である。特に，若手の雇用者からはこれらの制度は歓迎されている。年齢に関係なく頑張って成果を上げれば高給を手にすることも夢ではないからである。

そもそも，このような動きはバブル崩壊後人件費トータルの抑制と社員のモチベーション向上を両立させるための方策として広まってきた。しかし，先行して採用した企業の中には能力給制度が行き詰まり，元の賃金体系に戻した企業もある。その背景には，①能力給制度自身が有する限界，②日本の企業風土になじみにくい，などがあると考えられる。①については，職種により能力給を適用しやすい職種とそうでない職種があるということである。たとえば，営業職であれば売上金額や数量など客観的な評価基準となるべきデータがあるので比較的なじみやすい。しかし，管理部門だとそのような目に見える（誰にも納得できる）評価基準がないため円滑な運用が難しい。②については，アメリカであれば，上司と部下の関係がビジネスライクであるので，差をつけることへの抵抗が少ないが，人間関係やチームワークを重視する日本では思い切った差別化をしにくいとい

う事情がある。
　今後，日本で成果報酬制度を定着させるには，結果だけでなくそこまでのプロセスも評価する仕組みなど日本に合ったかたちを模索する必要があろう。

・8章で紹介するデータの出所

　有効求人倍率（厚生労働省）：
　　　http://stat.jil.go.jp/jil63/plsql/JTK0400?P_TYOUSA＝D1&P_HYOUJI＝34060&P_KITYOU＝0
　完全失業率（総務省「労働力調査」）：
　　　http://www.stat.go.jp/data/roudou/index.htm
　就業構造基本調査（総務省）：
　　　http://www.stat.go.jp/data/shugyou/index.htm
　IT投資の雇用への影響（内閣府「経済白書」平成11年版）：
　　　http://www5.cao.go.jp/j-j/wp/wp-je99/wp-je99-00203.html#sb2.3.3
　※　次は116ページ

9章

金融政策・金融市場と統計

《この章で学ぶこと》

この章では金融政策・金融市場に関する統計の見方を解説します。金融の理論的側面は専門書で勉強していただくとして、ここでは、統計を使って金融全般の現状を確認します。金融の代表的指標から専門的なものまでなるべく類書にはないものを扱っています。

1　金融政策手段に関する統計

　中央銀行としての日銀（日本銀行の略）の金融政策手段には，金利に関するものとマネー・サプライに関するものがある。金利については，日銀が市中銀行に貸出（日銀貸出）を行う際の金利である公定歩合が名目上政策金利を代表するものであるが，公定歩合の実質的な役割は形骸化しつつあるといってよく，日銀の政策スタンスを表わすアナウンスメント効果程度に過ぎないと言われている。公定歩合に代わり，実質的に政策金利の役割を担っているのがコール・レート（コール市場の金利）である。コール市場とは，短資会社というブローカーを介して金融機関の間で資金貸借が行われる場であり，本来は日銀の出番はない。しかし，市場参加者（市中銀行）を使ってターゲットとする金利水準が達成されるように需給を調整する。図9-1には公定歩合とコール・レートの推移が示されているが，ほぼパラレルな動きをしているのがわかる。

　99年2月から実施され現在も続いているゼロ金利政策は，コール・レートをゼロに固定する政策であり，今後も金融政策運営において重要な役割を果たし続けるものと思われる。

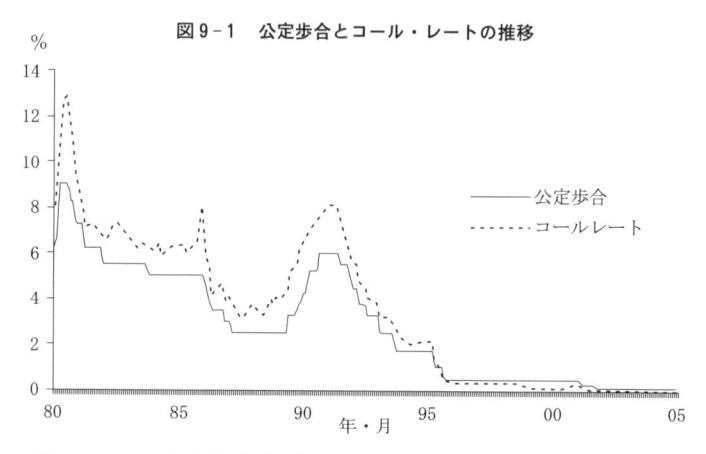

図9-1　公定歩合とコール・レートの推移

注：コールレートは有担保翌日物。出所：日本銀行『金融経済統計月報』。

<コラム9：公定歩合とコール・レートの先行・遅行関係>

　かつては，日銀が公定歩合を変更し，他の短期金利（市場金利）がそれに連動して動いていた。時間的な先行・遅行関係で言えば，公定歩合⇒市場金利である。しかし，本文でも述べたようにいつの頃からか（恐らくコール市場が誕生したあたりからと思われる）市場金利が景気や物価などの動きから公定歩合という政策金利を先取りし，公定歩合がそれに追随するようになってきた。市場金利は需給関係によって時々刻々変動するのに対し，公定歩合の変更は月に1～2回開催される金融政策決定会合でしか決定されない。そのため，金融市場が発達し，金利変動のスピードが上がってくると，金利政策の操作手段としての公定歩合は機動性に欠けるため有用性が低下してくるのである。図9-2は，1980年8月から9月にかけての公定歩合とコール・レート（有担保翌日物，日次データ）の推移を示したものであるが，これをみると公定歩合がコール・レートに追随しているのがよくわかる。公定歩合は，同年3月19日に史上最高タイの9％に引き上げられ，8月までこの水準が続いた。コール・レートもこれに追随して上昇し，3月前半には9％台であったものが3月後半以降12％台までジャンプアップした。ところが，8月に入りコール・レートは徐々に低下し始め，公定歩合が8.25％へと引き下げられる8月20日の前日には11％まで低下した。

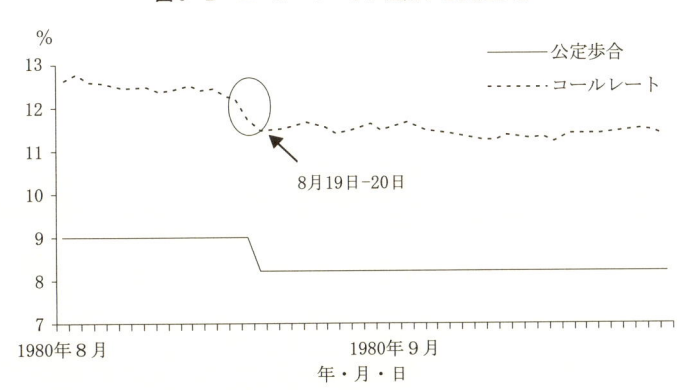

図9-2　コール・レートに追随する公定歩合

注：1980年8月～9月の日次データ。
出所：日本銀行『金融経済統計月報』。

2　金融の量的指標に関する統計

　金融の量的指標というのは，世の中に出回る資金の量に関するものであり，総称してマネー・サプライ（貨幣供給）と呼ばれる。マネー・サプライはどこまでを含めるかによってM1，M2，M2+CD，広義流動性に分けられる。M1は現金通貨＋当座性預金である。当座性預金とは，普通預金，当座預金，通知預金，別段預金，納税準備預金など流動性が高い預金のことである。図9-3には現金通貨と当座性預金の長期的推移が示されているが，トレンドとしてはどちらも増加トレンドにあるものの，90年代後半以降当座性預金の拡大テンポが明らかに速まっているのがみてとれる。これはいわゆるキャッシュレス化の流れを反映しているものと見られる。たとえば，これまで現金で支払っていたものがカードでの支払いに取って代わられると，現金残高よりも預金残高が伸びる。

　M2はM1に定期性預金を加えたものである。定期性預金には文字通りの定期預金のほか，定期積金などがある。M2にCD（譲渡可能定期預金証書）

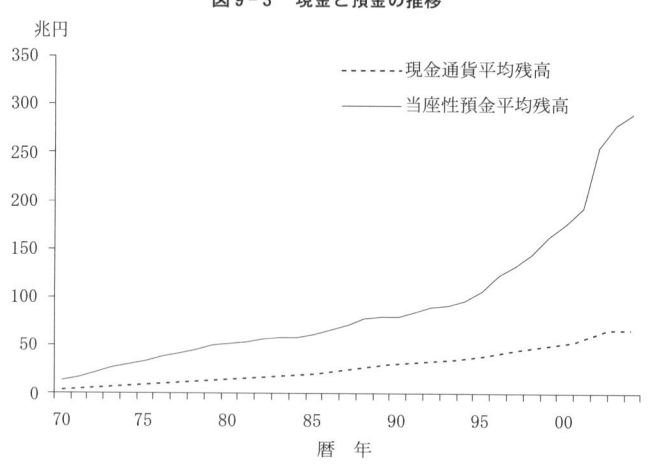

図9-3　現金と預金の推移

出所：日本銀行『金融経済統計月報』。

を加えた M2＋CD が金融の量的指標としてはもっとも重要視される。広義流動性とは M2 に郵便貯金，信用組合，信用金庫，信託銀行などその他金融機関の預貯金，金銭信託，投資信託，金融債，CP（コマーシャルペーパー），国債，外債，年金信託，債券現先などを加えたもので，M1 や M2 よりも新しい金融商品を随時構成項目に加えることによって世の中の資金の流れを広く把握しようという日本銀行の意図がみえる。

3　金融政策の効果を示す統計

(1)　操作目標と中間目標

　日本銀行にとっての量的な操作目標であるハイパワード・マネー（マネタリー・ベース）と中間目標であるマネー・サプライの比を計算した指標が信用乗数である。貨幣乗数とも言われる。図9-4（右目盛）は，マネー・サプライとして M2＋CD を採用した場合の信用乗数の推移を示している。日本の信用乗数は 90 年以降低下基調にあったが，2002 年以降下げ止まり横ばいである。90 年代以降信用乗数が低下したのは，日銀が金融を緩和してマ

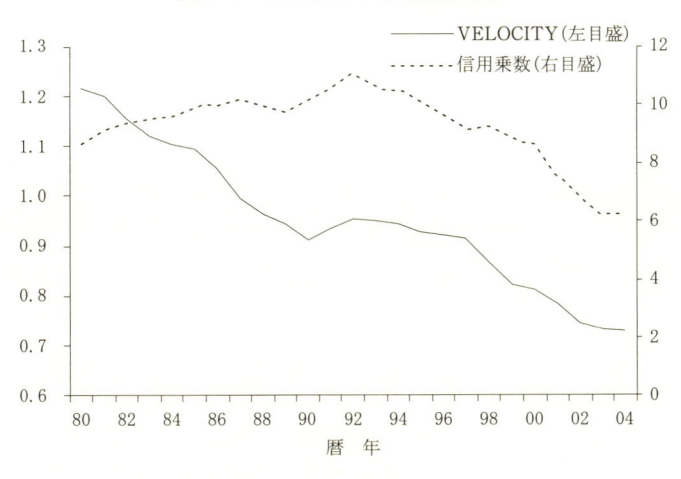

図9-4　VELOCITY と信用乗数の推移

出所：日本銀行『金融経済統計月報』，内閣府。

ネタリー・ベースを増やしても,それが民間の信用創造につながらないことを意味しており,金融政策の有効性が低下しているとみなさざるを得ない。信用創造とは,本源的預金が貸出を生み,さらに預金(派生的預金)を生みさらに貸出を生む・・・という一連のマネーの循環のことを指すが,景気低迷だけでなく,バブル崩壊を契機とする不良債権問題の深刻化やBIS規制による貸出の伸び悩み(後に貸し渋りや貸しはがしと言われるようになる)のために信用乗数は低下の一途をたどるのである。

　2002年以降信用乗数が横ばいにあるということは,緩やかながら景気が回復していることもさりながら,不良債権処理で麻痺状態にあった金融仲介機能が正常化しつつあることを示唆しているといえよう。

(2) 中間目標と最終目標

　金融政策の最終目標は物価と景気の安定であるが,財政政策と違って直接有効需要の拡大につながるわけではないので,効果という点では遅効的である。そこで,日銀としてもコントロールが可能でありかつ最終目標(ここではGDP)とも相関が高い中間目標を設定する。中間目標として代表的なのはマネー・サプライである。中間目標と最終目標の関係は貨幣の所得流通速度(Velocity:マネー・サプライに対する名目GDPの比率)によって示される。Velocityが上昇しているときは経済活動が活発化してマネーの流通速度が加速していることを示し,低下しているときは経済活動が停滞し,マネーの動きが鈍っていることを示す。図9-4(左目盛)はVelocity(名目GDP÷M2+CD)の推移を示しているが,信用乗数同様90年代に入ってから低下トレンドにある。これは,マネー・サプライが増加しても名目GDPがそれほど増えないことを意味している。これもやはり金融仲介機能の低下を示すものである。

4　金融市場の統計

(1) 銀行にとっての金利:貸出約定金利と預金金利

表9-1には2004年12月時点における全国銀行ベースのバランスシートが示されているが，これをみると銀行を巡る資金の流れがよくわかる。つまり，銀行は預金者から集めた預金と日銀からの借り入れ，コール市場から調達した資金などを元手に，企業や個人への貸出，国債・株式への投資などで運用している。そこで，運用側の利益率を代表する貸出金利と調達側の金利の代表である預金金利を比べることで銀行部門の利ざやを定量的に把握してみたい。図9-5には，貸出約定金利とCD（譲渡可能定期預金）金利，及びその差

表9-1　銀行のバランスシート

資　産	金額(億円)	負　債	金額(億円)
現　金	88,603	預　金	5,206,184
預　金	288,744	譲渡性預金	300,960
コールローン	135,844	コールマネー	203,264
国　債	1,020,586	借入金	117,904
地方債	86,230	うち日銀借入	1,111
公社公団債	95,490	外国為替	19,716
株　式	228,872	社　債	101,923
外国証券	296,043	その他	1,183,407
貸出金	4,040,009	合　計	7,134,469
外国為替	24,973	資　本	金額(億円)
繰り延べ税金資産	88,609	資本金	106,692
その他	1,007,029	資本準備金	64,584
合　計	7,401,032	剰余金	77,443
		その他	17,844
		合　計	266,563

注：国内銀行ベース。
出所：日本銀行『金融経済統計月報』。

図9-5　貸出金利と預金金利，銀行の利ざやの推移

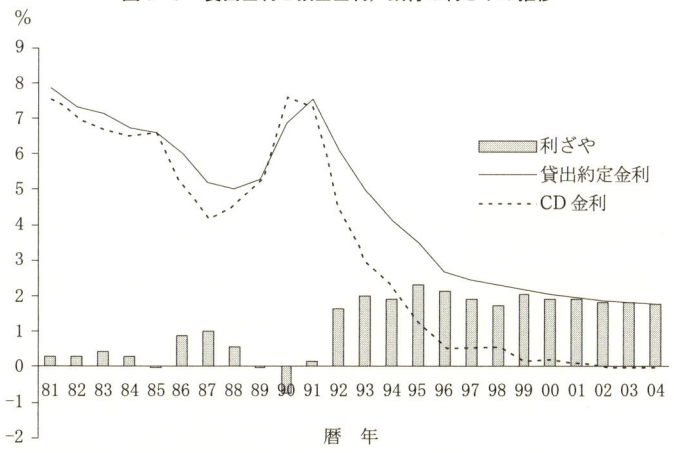

注：金利はいずれも全国銀行ベース。
出所：日本銀行『金融経済統計月報』。

（利ざや）の推移が示されている。貸出約定金利とは実際に銀行が企業に対して貸出契約を結んだ際の金利のことである。預金金利は期間や金額によって異なる点はあるものの，それらの条件が同じであれば金利は等しくなるのに対し，貸出金利は銀行と企業の間の相対交渉で借入側（企業）のリスクに応じて決まるので一様ではない。たとえば，トヨタのような超優良企業はリスクが小さいので貸出金利は低く設定されるが，倒産可能性（＝不良債権化）を考慮しなければならない企業に対しては相対的に高い金利が設定される。図9－5をみると，銀行の利ざやは金利上昇局面より低下局面の方が大きいことがわかる。銀行の収入である貸出金利も低下するが，それ以上にコストである預金金利の低下幅が大きいからである。特に，99年以降のゼロ金利政策下では，預金金利がほぼ０％に張りついているのに対し，貸出約定金利はほとんど低下しておらず，結果的に超低金利政策が不良債権問題で苦しむ銀行の経営再建を支援するかたちとなった。

(2) 家計にとっての金利：預金金利と住宅ローン金利

カード社会の米国では，消費者がローンを組んで消費活動を行うのは当然のことのようになっているが，日本ではまだそれほど普及しているとはいえない。したがって，日本で家計が注目する金利の代表は預金金利と住宅ローン金利である。預金金利については，満期までの期間が長くなるほど金利が高くなるのが一般的であるが（5節イールド・カーブ参照），最近は預金金額によっても差別化する傾向が見られる。

住宅ローン金利の代表は，数年前までは住宅金融専業の政府系金融機関である住宅金融公庫の貸出金利であった。しかし，住宅金融公庫は独立法人化して融資業務から撤退することが決まり（今後は民間金融機関と提携して住宅ローンの証券化業務を行う），住宅ローンの担い手は民間金融機関へ移行しつつある。民間金融機関にとっても住宅ローンビジネスは高い収益率が期待できる大きなビジネスチャンスであるので，こぞって新商品を開発し熾烈な顧客獲得競争を展開している。たとえば，東京スター銀行は預金額に応じて住宅ローン金利が軽減される新しいタイプの住宅ローンを提供している。

(3) 事業法人にとっての金利：資産利子率と負債利子率

事業法人（製造業など金融機関以外の企業）にとっての金利は家計同様，資産運用によって得られる果実と負債のコストという2つの性格を有する。したがって，事業法人にとって金利上昇が望ましいか金利低下が望ましいかは，資産側の金利（資産利子率）と負債側の金利（負債利子率）の変化率の大きさによって決まる。あるシンクタンクの試算では，1％の長期金利上昇で，資産利子率は0.9％上昇し，負債利子率は0.78％上昇するという。2004年9月末における民間非金融法人の資産（資金運用）残高は714兆円，負債（資金調達）残高は1,210兆円であるので，単純に計算するとフローの利子収入（年率換算）は6.4兆円，利子支払い（同）は9.4兆円となり，事業法人にとっては金利低下の方が望ましいということになる。

(4) 国債市場の金利

国債は政府（より正確にいうと中央政府）の国民に対する借金である。2004年9月末時点での国債発行残高は587兆円で，名目GDP（2003年度）の1.2倍，国民1人あたり489万円になる。国債発行残高が拡大していることは政府の財政事情が悪化していることを意味しており，それ自体大きな問題ではあるが，一方で国債の流通市場が厚みを増しているとみることもできる。国債の金利には，新規発行の金利である応募者利回り（primary rate）と，発行後東京証券取引所へ上場した後の取引によって変動する流通利回り（secondary rate）の2つがある。この中で，特に新発国債10年ものの利回りは長期金利の代表的指標とみなされている。

しかし，短期金利の代表であるコール・レートが日銀のコントロール下にあるのに対し，国債利回りは市場の需給によって決まるため，日銀が意のままに操ることはできない。日銀にできることには限りがあるといわれる理由の1つはこの点である。

ところで，2004年3月より国債の新たなメニューとして物価連動債が追加された。物価連動債とは，物価変動率に応じて額面が変動する国債であり，市場参加者の期待インフレ率を測る指標として注目されている。たとえ

ば，デフレ期待が強ければ価格は下落し，元本割れもありうる。逆にインフレ期待が強ければ価格は上昇する。

5 金利の期間構造

　ある時点における金利は，満期までの期間によって異なり，金利の期間構造といわれる。一般に短期金利と長期金利を比べた場合，普通は短期金利より長期金利の方が高くなる。これは，少なくとも今後の物価が下落しないと市場が予想していることを意味しており，順イールドという。これに対し，ごくまれにではあるが長期金利が短期金利より低くなることがある。これを逆イールドといい，たとえば今が景気のピークで今後不況に突入することが確実視される場合に起こりやすい現象である。

　図9-6は，2004年7〜9月期における満期期間別の定期預金金利を示したもので，イールド・カーブという。それによると，金利がもっとも低いのは3年物であり，その後は期間が長くなるほど金利は上昇する。このデータ

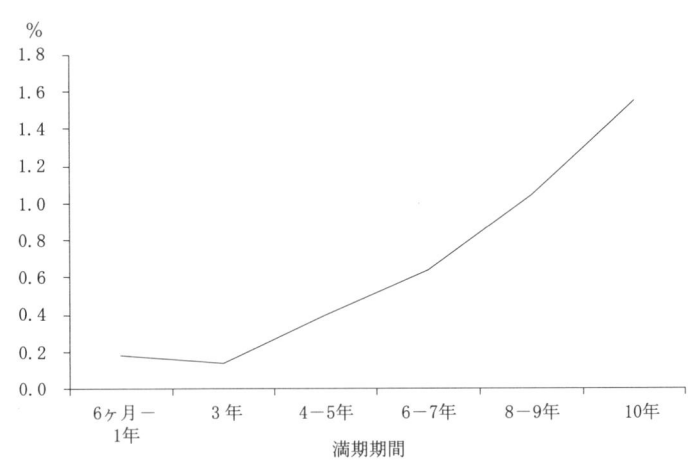

図9-6　預金金利でみるイールドカーブ

注：全国銀行自由金利定期（新規受入・総合）ベース。
出所：日本銀行『金融経済統計月報』。

を素直に解釈すると,金融市場は向こう2～3年景気が低迷しデフレも続く可能性が高いが,その後は上向くと見ていることになる。

＜コラム10：無借金経営とは＞

企業である以上,借金がゼロということは皆無に等しい。よく,「A社は無借金経営である」という表現がなされるが,これはグロスの借金がないということではなく,現預金などの手元流動性が銀行借入や社債などの有利子負債を上回るため,ネットでの借金が0という意味である。2005年1月23日付の日本経済新聞では,2004年9月末時点で手元流動性がどれだけ有利子負債を上回っているかによって,無借金経営のランキングを掲載している。それによれば,対象企業1,687社のうち連結ベースで約3社に1社が実質無借金経営であり,ベスト10は表9-2のようになっている。

無借金経営ということは,純現金収支が大幅な黒字になっているということの裏返しであり,投資回収が順調に進んだ結果であるといえる。ただし,このような無借金経営企業にとっては,金利が下がるより上がる方が望ましい点は注意を要する。

表9-2 無借金経営企業ランキング

単位：億円

順位	企業名	業種	超過額
1	武田薬品工業	医薬品	14,301
2	任天堂	その他製品	7,791
3	日本たばこ産業	食料品	5,346
4	松下電器産業	電気機械	4,676
5	ファナック	電気機械	4,334
6	村田製作所	電気機械	4,174
7	山之内製薬	医薬品	4,048
8	ローム	電気機械	3,617
9	三共	医薬品	2,892
10	富士写真フィルム	化学	2,424

注：業種分類は東洋経済新報社『会社四季報』による。
出所：『日本経済新聞』(2005年1月23日)。

・9 章で紹介するデータの出所

　金融経済統計月報（日本銀行）：
　　　http://www.boj.or.jp/stat/stat_f.htm
　※　次は 138 ページ

II部

応用編

第II部では，第I部で学んだ統計の見方を発展させて，経済予測について学習します。第I部と重複する内容もありますが，復習のつもりで読んでください。

10章

経済予測とは

《この章で学ぶこと》

第Ⅱ部では経済予測について学習しますが，この章ではいわば準備運動としてのために必要な基本的な事項を学習します。経済予測は「経済の天気予報」と言われますが，経済予測を発表する主体，種類，用途などについての知識を身につけましょう。

1 経済予測とその役割

　経済予測とは、経済、特に景気の先行きがどうなるかを予測することである。日本経済が資本主義経済の一員である以上、景気循環は避けて通ることができない。しかし、今後の景気がどうなるか、たとえば、現在が景気のピークでこれから後退局面に向かうことが事前にわかれば、政府は景気対策を発動するなどして、景気の落ち込みを最小限に抑え、企業サイドも設備投資を控え、生産、在庫を抑制することによって景気後退へ速やかに対応することにより、景気後退の混乱を防ぐことができる。このように、経済予測は政府の政策や民間企業のビジネス展開のナビゲーターとして重要な役割を果たすのである。

　しかし、経済活動は生き物であり、その先行きを的確に見通すのは容易なことではない。過去の経験則にその時々の景気パターンを考慮して、もっとも確率が高いと思われる予測シナリオを描くわけであるが、大まかな方向性を予測することはできても、景気回復から景気後退、景気後退から景気回復への転換点を確実に予測するのは至難の業である。したがって、利用する側としては「天気予報」同様絶対確実なものではなく、外れた場合の対応もあわせて用意しておく必要があろう。以下では、経済予測の種類、期間・手順、活用方法、予測機関などについて解説する。

2 経済予測の種類

　民間のシンクタンク（予測機関）が行う経済予測の種類は予測の期間によって短期、中期、長期の3つに分けられる。短期予測は翌年度まで、中期予測は向こう3～5年、長期予測は10～20年がそれぞれ守備範囲である。予測期間によってアプローチの方法も異なる。短期予測では、景気を主導するのが需要（＝支出）側であるため、需要側の分析に焦点が当てられる。予測も個人消費、設備投資、政府投資、輸出入などの需要項目ごとに行われ

る。中期予測は需要と供給の両方に目配りしながらの予測となる。短期予測の延長で需要項目ごとの予測も行うが，経済は需要と供給がバランスしないと成長しないため，供給能力もあわせてみる必要がある。供給能力（潜在生産能力）は生産要素である資本（設備）と労働のデータを用い生産関数を計測することによって計算される。潜在生産能力の伸び率が潜在成長力である。10年以上先までを予測する長期予測では，この潜在成長力が年平均成長率の目安となる。長期予測の場合，短期的な景気循環は問題にならないため，供給能力に需要の伸びがついてくると考え，潜在成長力を重要視する。

次節ではもっとも利用頻度が高く，予測回数も多い短期経済予測についてその手順を述べる。

3 短期経済予測の手順

(1) 期間：なぜ，翌年度までなのか

先述のように，通常は，翌年度までを予測の範囲とするのが一般的である。これは，ユーザー側のニーズが，後述するように民間企業であれば自社の事業計画や需要予測の参考として，政府であれば景気対策や税収見積もりの参考としてそれぞれ用いる点にあるからである。というのは，たとえば民間企業の場合生産や収益，設備投資などの具体的計画を立てるのは今年度かせいぜい来年度までであり，それ以降は大まかな方向性を示すに過ぎないからである。

(2) 短期経済予測の手順

短期予測の手順は，大まかには以下のようになる。

現状分析 → シナリオ作成 → 段階的接近法によるブラシュ・アップ

経済予測とはこれから先の経済の動向を見通すことだが，出発点として現在の経済状況がどうなっており，どういう局面にあるのかをきちんと把握しておく必要がある。現状分析というのは，足もとの経済状況がどういう状況にあるかを把握する作業であるが，短期経済予測はほぼ3ヶ月ごとに行われ

るため，前回予測と比べて現状がどうなっているか，予測通りに推移しているか否かを確認するところからはじめることになる。第Ⅰ部でも説明したように，景気はよい局面と悪い局面が交互に訪れるものであり（景気循環），1つの循環のなかのどの位置にいるのかを正しく把握しなくては，今後の方向性を正確に見通すことはできないからである。次に，今後を見通すわけだが，ここで拠り所となるのが1つは景気循環上の現局面であり，もう1つが「先行指標」とよばれるものである。

　先行指標とは，文字通り予測対象に先行して動く習性のある指標（データ）である。たとえば，東京の明日の天気を予測する場合，無意識のうちに「今日，大阪の天気が晴れだったので明日の東京は晴れだろう」と考えることがあるであろう。この場合，「大阪の天気は東京の天気の先行指標」となるのである。次章では景気全体および各分野の先行指標を紹介することにする。

　上記の手段で景気の方向性が見えたら，それを1つのシナリオとしてまとめる。経済予測は最終的にはGDP成長率（特に，実質GDP成長率）という具体的な数値で表すことになるが，その中身がどうなっているのかは，GDPトータルをみただけではわからない。具体例を示しつつ考えてみよう。表10-1には，2つの予測例（A，B）が示されている。どちらも実質GDP成長率は2％台であるが，Aは設備投資（企業）を中心に民間需要が主導するとみているのに対し，Bは外需（輸出）が主導するとみているのがわかる。なぜ，その時々によってこのような違いが発生するのかは，景気のパターンに関わることであるので，また章を改めて詳述するが，景気の中身＝

表10-1　経済予測のパターン

前年比伸び率（％）

経済主体 項目 パターン	民　間				政　府		海　外	
	実質GDP	個人消費	住宅投資	設備投資	政府消費	政府投資	輸出	輸入
A	2.5	2.0	5.0	7.0	2.0	▲ 3.0	4.5	6.0
B	2.0	1.6	4.0	▲ 2.0	2.0	3.5	9.0	4.0

シナリオということになる。いったんシナリオを作成したら，そこに矛盾がないかどうかをチェック（検査）する必要がある。たとえば，経済全体が過剰供給能力を抱えているときに設備投資だけが突出して拡大するというシナリオは説得力に欠ける。また，世界経済が低迷しているときに，外需（輸出）が成長を主導するというのも実現性に疑問符がつく。このように個々の項目のパターンの整合性をチェックしつつ予測値を修正していく作業を「段階的接近法」という。現在，各予測機関で一般的に用いられている手法は段階的接近法である。

4　経済予測の活用方法

(1) 民間企業の場合

民間企業は利益の最大化を目標として事業を営んでおり，経済予測という1つの情報も売上や市場でのシェアを伸ばし，利益を拡大するための手段と位置づけられる。具体的には，以下のような目的のために用いられる。

① 自社製品の需要予測の参考に

特に関連の深い需要項目（たとえば，流通業であれば個人消費）を自社のマーケットとしてとらえ，その予測値を参考に，自社製品の需要予測を行う。

② 投資・採用計画の策定に

景気動向に比べ，自社の生産能力が不足の場合は投資や採用を活発化させ，逆に自社の生産能力が過剰の場合は，投資や採用を抑制する。

③ 活用の限界

通常，経済予測はGDP成長率というマクロレベルで行われるが，マクロ経済と個々の企業の売上や業績は必ずしも連動しない。右肩上がりの成長が続いたバブル期までは，景気がよくなれば程度の差こそあれ多くの企業が恩恵を享受できたが，バブル崩壊後は低成長と競争激化により各業界でいわゆる「勝ち組」と「負け組」の格差が拡大しており，マクロの景気動向と個別企業の売上・収益の相関関係が希薄化する傾向にある。これをマクロとミクロの乖離などといい，経済予測活用の限界を示していると考えられる。

(2) 政府の場合

政府では民間のシンクタンクとは別に政府経済見通しを作成している。民間シンクタンクは経済予測を1つのビジネスとして行っているので，予測値（GDP 成長率）や予測シナリオを的中させることに主眼が置かれる。それに対し，政府は営利目的で経済見通しを作成するわけではなく，歳入の最重要項目である税収見積もりの作成や，経済政策の策定に活用される。ただし，税収は名目値（金額）であるが，景気の指標としては名目 GDP 成長率より実質 GDP 成長率が重視されるので，名目値と実質値を使い分ける必要がある。

5　日本の経済予測機関と予測の評価

(1)　強気派と弱気派

日本には確認されているだけで 50 を越える調査（予測）機関があり，予測の精度をめぐってしのぎを削っている。東洋経済新報社が月刊で発行している「統計月報」2000 年 12 月号では，各機関を強気派と弱気派に分けている（表 10-2 参照）。

表 10-2　予測の強気派と弱気派

●強気派	(単位：%ポイント)		●弱気派	(単位：%ポイント)	
	相対度	絶対度		相対度	絶対度
1　国民経済研究協会	+0.791	+0.880	1　野村総合研究所	−0.334	−0.245
2　政府	+0.621	+0.710	2　住友銀行	−0.313	−0.569
3　朝日生命保険	+0.261	+0.350	3　第一生命経済研究所	−0.284	+0.209
4　関西経済センター	+0.231	+0.349	4　日本興業銀行	−0.275	−0.227
5　勧角総合研究所	+0.196	+0.200	5　新日本証券	−0.254	−0.100
6　和光経済研究所	+0.190	+0.194	6　三菱総合研究所	−0.239	−0.150
7　第一証券	+0.188	+0.800	7　日興リサーチセンター	−0.224	−0.135
8　中部経済連合会	+0.171	+0.500	8　第一勧銀総研	−0.224	−0.132
9　岡三経済研究所	+0.167	+0.141	9　北海道拓殖銀行	−0.224	−0.338
10　コスモ証券	+0.153	+0.377	10　東海銀行	−0.187	−0.095

注：相対バイアス度＝実質成長率予測－民間平均（符号はそのまま）。
　　絶対バイアス度＝実質成長率予測－実績値（符号はそのまま）。
出所：東洋経済新報社『統計月報』2000 年 12 月号。

(2) 当たりかはずれか

予測は，当たることを目指して行うものであるが，当たればよいというものでもない。たとえば，このままなんの対策も打たれなければ，不況に突入することが確実な場合，悲観的な予測を行った上で，政策提言（景気対策など）を行ったとする。その結果，不況が回避されるか，あるいは，軽微にとどまったとすれば，予測としては不的中でも予測の役割は果たしたことになろう。なお，前述の東洋経済新報社「統計月報」2000年12月号に掲載されている各予測機関の実質GDP成長率的中度ランキングを表10-3に示しておいた。

表10-3 実質成長率・的中度ランキング

● 全期間（1980～99年）

順位	機関名	得点	予測回数
1	埼玉銀行	63.35	10
2	勧角総合研究所	58.10	18
3	山一証券経済研究所	57.76	18
4	電力中央研究所	57.61	18
5	住友商事	56.38	13
6	大和総研	56.14	20
7	日本経済研究センター	55.44	20
8	朝日生命保険	55.18	20
9	住友商事	54.92	18
10	民間平均	54.90	20
11	安田信託銀行	54.45	19
12	住友信託銀行	54.39	18
13	三洋証券	54.04	11
14	和光経済研究所	53.67	18
15	伊藤忠商事	53.38	16
16	第一証券	53.35	12
17	富士総合研究所	53.07	20
18	大和銀総合研究所	53.03	19
19	三菱総合研究所	52.85	20
20	ニッセイ基礎研究所	52.75	19
21	東海銀行	52.66	19
22	三菱商事	52.52	17
23	日本興業銀行	52.41	11
24	岡三経済研究所	52.27	17
25	第一勧銀総合研究所	52.13	19
26	東京三菱銀行(東京銀行)	51.98	17
27	国民経済研究協会	51.84	20
28	明治生命保険	51.78	14
29	野村総合研究所	51.76	20
30	住友生命総合研究所	51.72	12

（対象機関53機関）

● 80年代（1980～89年）

順位	機関名	得点	予測回数
1	勧角総合研究所	70.04	8
2	大和総研	67.73	10
3	京大モデル	65.11	7
4	山一証券経済研究所	62.60	10
5	三菱総合研究所	62.54	10
6	伊藤忠商事	62.29	8
7	埼玉銀行	61.19	8
8	太陽神戸銀行	61.15	7
9	民間平均	60.64	10
10	日興リサーチセンター	60.11	10
11	野村総合研究所	59.88	10
12	安田信託銀行	59.61	9
13	岡三経済研究所	59.48	7
14	大和総合研究所	59.03	9
15	和光経済研究所	58.86	8
16	住友信託銀行	58.82	9
17	電力中央研究所	58.81	8
18	朝日生命保険	58.61	10
19	日本経済研究センター	57.92	10
20	三菱信託銀行	57.74	9
:	:		
35	政府	50.49	10

（対象機関38機関，最低点は47.48）

● 90年代（1990～99年）

順位	機関名	得点	予測回数
1	電力中央研究所	56.65	10
2	日本興業銀行	56.10	8
3	日本総合研究所	53.98	9
4	三井情報開発	53.38	9
5	第一証券	53.35	10
6	住友商事	52.98	10
7	日本経済研究センター	52.97	10
8	東海銀行	52.55	10
9	第一勧銀総合研究所	52.50	10
10	日本リサーチ総研	52.28	10
11	東京海上火災保険	52.20	9
12	東京三菱銀行	51.75	9
13	朝日生命保険	51.74	10
14	山一証券経済研究所	51.70	8
15	三洋証券	51.00	9
16	明治生命保険	50.55	10
17	三菱商事	50.01	9
18	住友信託銀行	49.96	9
19	安田信託銀行	49.81	10
20	日本信託銀行	49.77	7
21	ニッセイ基礎研究所	49.70	10
22	中部経済連合会	49.56	10
23	和光経済研究所	49.51	10
24	民間平均	49.16	10
25	住友生命総合研究所	48.80	10
:	:		
55	政府	42.37	10

（対象機関59機関，最低点は34.32）

出所：表10-2に同じ。

(3) シナリオの整合性

経済予測とは，将来に関する無限の可能性の中からある1つの可能性を選び，それを数字で示すことである。したがって，矛盾のない（整合性が担保された）シナリオの上に構築された予測であるかどうかが重要となる。シナリオとしての整合性が保たれていれば，仮に，予測が外れたとしても，なぜ，外れたかがすぐに判明するし，修復（予測値の見直し）も容易である。そうであれば，予測が外れても信頼性は保たれる。

> **＜コラム11：QE の予測（超短期予測）＞**
>
> 3ヶ月ごとに発表される GDP 統計のことを QE（Quarterly Estimates の略）という。QE の発表直前になると，各機関の予測担当者は内閣府から公表されている推計方法にしたがって，QE，つまり GDP 実績値の予測を行う（詳細は内閣府「暫定値及び速報値の概要（http://www5.cao.go.jp/99/g/19990524gdp/2.pdf)」を参照）。QE の結果が予測通りであれば，そのまま予測作業を続け，予測と違った場合はその原因を探り，次の予測の出発点とする。

11章

景気の先行指標

《この章で学ぶこと》

この章では，経済指標のなかでも先行して動く性格を有するものを紹介します。経済全体にしろ，各経済主体の動きにしろ，先行指標の見方を理解すれば，経済の先行きについて大よそのことがわかります。

1 先行指標の資格と注意点

先行指標とは，先述のようにある指標を予測しようとするときに，その指標より先に動く習性がある指標のことであるが，先行指標として使えるためにはそれなりの資格がある。それは，予測対象となる指標（予測指標）との間に理論的に説明しうる先行・遅行関係が存在することである。「理由は説明できないけどどうも先行・遅行関係が存在するみたいだ」では使いものにならない。次に，実際に予測の作業をする場面で注意しなくてはならないのは，先行指標と予測指標の間に具体的にどれくらいのラグ（時間差）があるかである。ラグがたとえば3ヶ月なのか，6ヶ月なのか，それとも1年なのかによって先行指標の使い方も違ってくる。統計発表自体にラグがあることを考慮すると，先行指標と予測指標の間には最低1四半期（3ヶ月）のラグがあることが必要である。詳しくは次節以降で各指標とともに紹介する。

2 先行指標による方向性の検討1：景気全体

先行指標は細分化されるほど有効性が高まる傾向にあり，景気全体を先取りするような指標はそれほど存在しない。そんななかで，比較的よく使われるのが，景気動向指数（先行系列）と株価である。以下，この2つについて，景気先行指標としての見方を考えてみたい。

(1) 景気動向指数：先行系列

内閣府から月次で発表される景気動向指数には，「先行系列」「一致系列」「遅行系列」の3つがある。このうち，先行系列は，表11-1に示されている11個の経済データのうち3ヶ月前と比べて改善しているものの割合を示している。これら11個の指標はいずれも経済のなかで先行して動く性格のものばかりを集めているため，その集合体である景気動向指数（先行系列）も景気を先取りする指標とみなすことができるというわけである。3節以降

表 11-1　先行系列の採用系列

系列	機関	出所
最終需要財在庫率指数	経済産業省	経済産業統計
原材料在庫率指数（製造業）	経済産業省	経済産業統計
新規求人数（学卒を除く）	厚生労働省	職業安定業務統計
実質機械受注（船舶・電力を除く民需）	内閣府	機械受注統計調査報告
建築着工床面積（鉱工業，商業，サービス）	国土交通省	建設統計月報
新設住宅着工床面積	国土交通省	建設統計月報
耐久消費財出荷指数	日本自動車工業会	自動車統計月報
消費者態度指数	内閣府	消費動向調査
日経商品指数（42種）	日本経済新聞社	日本経済新聞
長短金利差	日本銀行	金融経済統計月報
投資環境指数（製造業）	財務省	法人企業統計季報
中小企業売上見通しDI	中小企業金融公庫	中小企業動向調査報告

図 11-1　景気動向指数（先行系列と一致系列）の推移

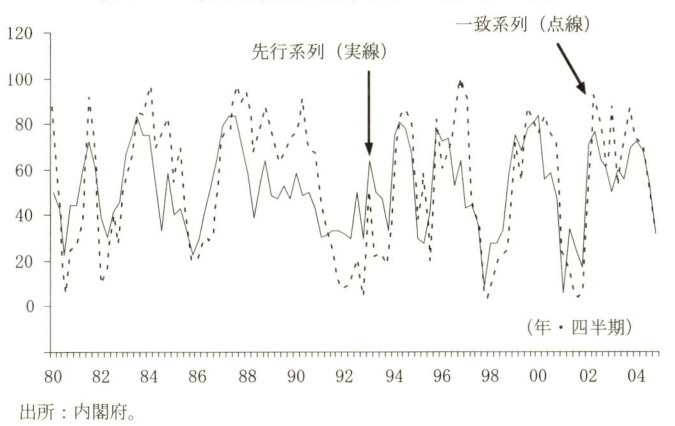

出所：内閣府。

　と重複しない範囲でいくつか解説すると，まず，新規求人数であるが，求人数に関するデータには求人全体を示す有効求人数とそのうち新たに追加された新規求人数の2つがある。新規求人数は企業が景気や業績の先行きを見越して変動させるため，先行指標的な性格が強いと思われる。新設住宅着工は家計による住宅投資の代表的な指標であるが，住宅購入のほとんどはローンを組むため，家計が住宅投資決定のタイミングとしてもっとも重視する要因は金利である。そして，その金利は景気が悪いときに低くなるため，景気と

は逆サイクルで動くことが多い。このため，景気の先行指標とみなせるのである。図11-1には，先行系列と一致系列（景気の現状を示す指標）の推移が示されているが，おおむねそのような傾向にあると見てよさそうである。

(2) 株価

株価とは，株式市場で取引される個々の企業の株式の価格であるが，株価は現在のではなく将来の企業業績を先取りするとされる。経済用語でいえば期待で動くわけである。したがって，今期の収益が赤字でも有望事業を抱えていて来期以降収益が大幅に改善すると株式市場が判断すれば，株価は上昇する可能性が高い。

株式市場は全国主要都市にあるが，規模がもっとも大きいのは東京証券取引所（略称東証）である。東証で取引される株式の株価を単純平均したものが東証株価指数（TOPIX）である。個々の企業の株価が企業業績の先行きを示しているとするならば，全体を平均したTOPIXは景気（経済全体）の先行きを示しているとみることができる。しかし，現実には株式市場が景気の先行きを正しく見通すことは困難であり，株価と景気の関係は一定ではない。

3 先行指標による方向性の検討2：個別項目

(1) 個人消費

ケインズ型消費関数にしたがえば，個人消費は可処分所得×消費性向という式で表わされる。可処分所得は消費の原資であり，消費性向はそのうちどれだけを消費に回すかであるが，ここでは個人消費そのものではなく可処分所得と消費性向それぞれについて先行指標を考えてみることにする。

① 可処分所得の先行指標

サラリーマンの場合，月々の所得は給与という形態をとる。そして，給与の源泉は企業が生む利益である。公務員の場合は給与の源泉は税金となるが，税金も少なくとも直接税の場合は企業収益によって増減するので，やはり企業収益を源泉としているとみて大きな誤りはない。つまり，理屈上は可

処分所得の先行指標は企業収益となる。そこで，企業の営業利益と可処分所得の関係を見たのが図11-2である。たしかに，営業利益が増減すると，時間をおいて可処分所得が変動する傾向にある。しかし，ラグ期間や変動の大きさは一定ではない。これは，その時々の企業の経営状況によって，利益が出ても従業員の給与が増えなかったり，逆に経営状態が不振でも従業員の生活を守るという観点から給与を減らさないなどの経営判断がなされることが背景にある。

たとえば，99年以降景気回復に伴い営業利益が回復に転じるが，可処分所得の回復にはつながらず，可処分所得が増加に転じたのは，ようやく2004年になってからである。これは，90年代以降の長期にわたる景気低迷の中で，企業収益の悪化がそのまま給与の削減にはつながらなかったことから労働分配率（人件費÷（経常利益＋人件費＋支払利息・割引料））が上昇し，多少の収益改善では従業員の給与を引き上げるわけにはいかなかったためである。労働分配率（データは62ページ参照）は付加価値に占める人件費の比率であり，この比率が高ければその分設備投資や研究開発費など企業にとっての生命線とも言える競争力の強化に振り向ける資金が少なくなるため，継続的に上昇することは望ましくない。

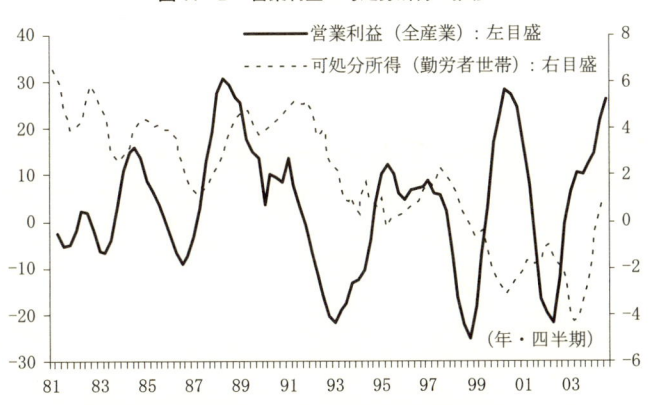

図11-2 営業利益と可処分所得の推移

注：いずれも前年同期比伸び率（％）の後方4四半期移動平均。
出所：財務省『法人企業統計季報』，総務省『家計調査』。

② 消費性向の先行指標

消費性向とは可処分所得に占める消費の割合であり，消費マインドを表わすとされる。したがって，消費性向は個人消費全体ひいては，景気全体に大きな影響を与える重要な指標である。消費性向の先行指標として位置づけられるのが，内閣府から四半期ごとに公表される「消費者態度指数」（東京都に限っては月次ベース）である。消費者態度指数とは，全国8,000世帯に雇用環境，耐久消費財の買い時，暮らし向き，収入の増え方の4項目についてアンケートをとり，消費者の消費マインドがどうなっているかを数値化したものである。図11-3には消費者態度指数と消費性向の推移が示されているが，おおむね2～3四半期の先行，遅行関係がみてとれる。消費者態度指数は厳密に言えば消費意欲であり，消費性向は実際の消費の結果であるので，この先行・遅行関係は，たとえば，消費意欲が盛り上がってから実際に消費が活発化するまでにある程度の時間を要するということである。

図11-3　消費者態度指数と平均消費性向の推移

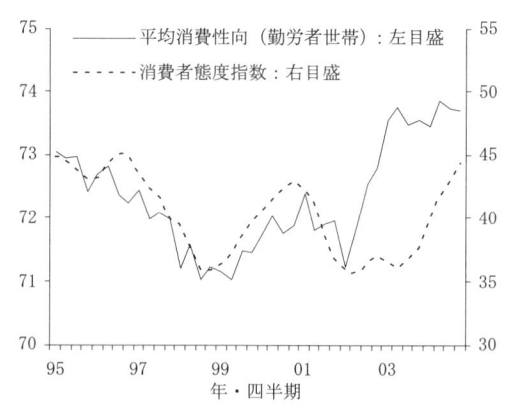

注：いずれも季節調整値の後方4四半期移動平均。
出所：内閣府「消費動向調査」，総務省「家計調査」。

＜コラム12：「前向きの」消費性向上昇と「後ろ向きの」消費性向上昇＞

消費性向の上昇には2つのタイプがある。1つは消費マインドの高揚にともなって「財布の紐が緩むケース」であり，これは「前向きの」消費性向上昇といえる。もう1つは，不況による所得減少時に生活水準を維持するため，所得の減少幅ほど消費を減らさなかったため，結果的に消費性向が上昇するケースで，これは「後ろ向きの」消費性向上昇といえる。後者は別名「ラチェット効果」といい，後ろ向きとはいいつつも景気悪化の歯止めという効果がある。

(2) 住宅投資

住宅投資は、持家、貸家、分譲住宅（マンション＋分譲一戸建て）、給与住宅（社宅・寮など）の4種類に大別される。このうち、持家は土地を持っている人が一戸建て住宅を建築することであり、現在では新築より建て替えの比率が高い。貸家とはいいかえると賃貸住宅のことであり、具体的にはアパートと賃貸マンションからなる。分譲住宅とは建売のことで、デベロッパー（不動産会社）が広大な土地を仕入れ、その上にマンションや一戸建て住宅を建設し、一般消費者に販売するものである。分譲一戸建ては一見持家と見分けがつきにくい。強いて外観で見分けようとするならば、持家は個々の世帯が独自に建築するので近隣の住宅とは明らかに異なるのに対し、分譲一戸建ての場合は類似のデザインの住宅がまとめて建設されるところであろうか。

このように、住宅投資は種類によって建築主体が異なるので先行指標も種類別に考えなくてはならない。まず、持家であるが、以前は大半の建築主体が低利で融資してくれる住宅金融公庫（個人向けの住宅金融を専門とする政府金融機関）を利用していたので、住宅金融公庫の融資申込が有力な先行指標として利用できた。しかし、住宅金融公庫が独立法人化され、融資業務からの撤退が決まったため、公庫申し込みを持家の先行指標として利用することはできなくなった。

次に貸家着工の先行指標であるが、貸家の建築主体はいわゆる「大家さん」であり、賃貸住宅を建築し入居者から家賃を徴収することで利益を上げることを目的とする。したがって、下記のような家賃収入と建築コスト（金利、建築資材などの建築費）から貸家採算指数なる指標を計算し、先行指標として位置づける。貸家採算指数が改善すれば、貸家建築が有利になり実際に建築が増えるという考え方による（図11-4）。

貸家採算指数＝家賃収入÷（貸出約定金利×木造住宅建築費）

マンション販売、分譲住宅着工にはこれといった先行指標はないが、強いていえばマンション契約率（販売戸数に対する契約戸数の割合）を挙げることができる（図11-5）。これは、デベロッパー（マンションの建築、販売

主体) が契約率の上昇→販売増加を確認して，すでに仕入れてあった土地へマンションを着工するタイミングを決めるというマンションビジネスの手順とデベロッパーの意思決定プロセスを示しているといえよう。

図11-4　貸家採算指数と貸家着工

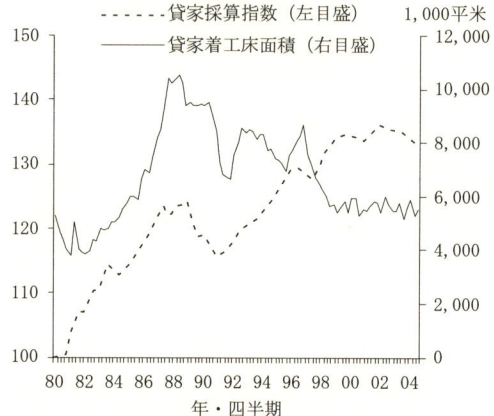

注：貸家着工床面積は季節調整値。
出所：国土交通省『建設統計月報』，日本銀行『金融経済統計月報』，総務省『物価統計月報』。

図11-5　マンション販売・契約率，分譲住宅着工

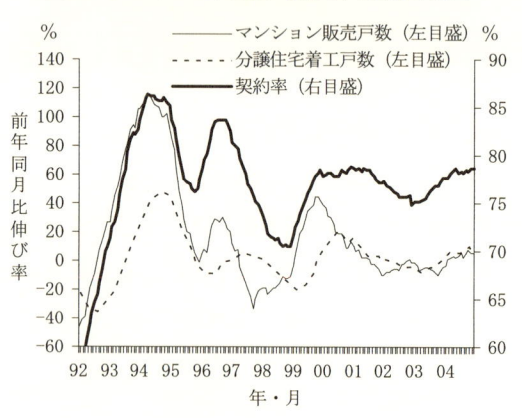

注：マンション販売と分譲住宅着工戸数は前年同月比伸び率の後方12ヶ月移動平均。
出所：国土交通省『建設統計月報』，不動産経済研究所。

(3) 設備投資

設備投資とは企業が生産能力を拡大するために行うものであり，機械投資＋建設投資＋ソフトウエア投資で計算される。このうち，ソフトウエア投資は先行指標を見つけるのが困難であるので省略するが，機械投資と建設投資については以下のように考える。

まず，機械投資の先行指標となるのが，内閣府から月次で発表される「機械受注統計」である。そのなかでも船舶・電力を除く民需ベースの統計がもっとも代表的な機械投資の先行指標である（図11-6）。設備投資に用いられる機械投資は大型の機械が主流であり，必要になったら店で買ってくるというわけにはいかない。まず，メーカーに見積もりをとり（引き合い），投資が確定したら発注し（メーカー側から見れば受注），メーカーは受注してから数ヶ月かけて生産し，完成したら据え付ける。GDPベースの設備投資は据付の時点でカウントされる。したがって，設備投資の時点から見ると，機械受注は時間的に必ず先行する関係にあるわけである。一般的に先行期間は約2～3四半期といわれるが，この期間は短縮化する傾向にある。これは，能力増強投資など大型投資は海外で行い，国内投資はIT投資など小型投資が中心になっている現状を反映しているとみられる。なお，機械受注

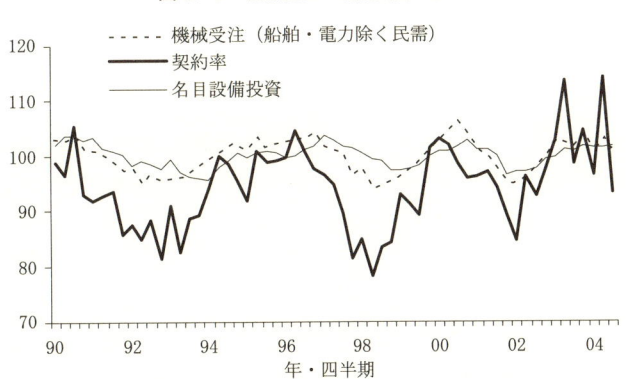

図11-6 機械受注と設備投資の推移

注：機械受注（船舶・電力除く民需）と名目設備投資は前期比，契約率は％。
出所：内閣府。

統計は単月では振幅が大きいので，振幅がならされた四半期ベースでみた方がトレンドを把握しやすい。

次に，建設投資の先行指標であるが，基本的な先行・遅行の考え方は機械受注と同じである。しかし，建設投資は案件によって工期に差があることや，設備投資に占める建設投資の割合が低下していることなどから先行指標としての参考度合いは機械受注より低い。

> **＜コラム13：機械受注統計について＞**
>
> ・船舶・電力を除く理由：船舶・電力はフレが大きい上に1件あたりの投資額が大きいため，かく乱要因となることがある。そのため，設備投資の基調をみるために船舶・電力を除いたベースでみるのである。
> ・設備投資との関係：設備投資の軽量化（たとえば，新たな生産ラインが必要な時，新規の投資をせず既存の遊休設備を活用したり，従来大型コンピュータで処理していたのをパソコンに置き換える等）により，機械受注統計に含まれない設備投資の割合が上昇すると，両者の先行・遅行関係が希薄化する。
> ・機械受注の見通し：機械受注統計は3ヶ月に1度，次の四半期の見通しが発表されるが，これは前記プロセスの中で，引合が受注に先行する関係を利用して，各機械メーカーの引合状況により作成されているとみられる。
> ・機械受注の先行指標：達成率（＝実績値÷3カ月前の見通し）を挙げることができる。これは，たとえば景気が上昇から下降へ転換する局面では，3カ月前の予想ほど実績が伸びないことによる。したがって，達成率→機械受注→設備投資の先行・遅行関係を利用すれば，達成率をみることにより，大よそ1年先までの設備投資の方向が展望できる。
> ・代理店：機械受注の需要者別分類に「代理店」という項目があるが，一般には中小企業からの機械受注を反映すると言われる。大手の機械メーカーでは大口顧客には自社の営業員を配置するが，中小企業などの小口顧客には販売代理店経由で販売することが多いからである。

(4) 為替レートと株価

ここまで紹介してきた先行指標はいずれも関係各機関から定期的に発表される既存統計（1次統計）を利用したものばかりで，いわばレディメイドの先行指標といえる。これらの先行指標を基礎編とすれば，応用編となるのが自分で先行指標を作成することである。

為替レートや株価は，売買益の獲得を目的とした投機の対象となるだけに，その先行きに対する市場関係者の関心は高い。しかし，為替レートや株価の決定要因は単純ではなく，既存統計のなかから精度の高い先行指標を見つけ出すことは困難である。そこで，プロのエコノミストは高い確率で先行きを予測することができるような先行指標を作成しようとする。いわばエコノミストの腕の見せ所といってよいであろう。ここでは，筆者が作成した円ドルレートの先行指標と，田端克至教授（二松学舎大学）が作成した株価（TOPIX）の先行指標を紹介する（図11-7）。

円ドルレートの先行指標は，日米のマネー・サプライ伸び率格差，日米貿易収支，前月の円ドルレート，購買力平価と現実の円ドルレートの差を説明変数とするモデルをベースとして作成されており，最長で8ヶ月先までの円

図11-7 円ドルレートと株価の先行指標

注1：実線は実績値（01年12月まで），点線は先行指標による予測値（02年1月～7月）。
注2：説明変数：自己ラグ（1期），日米マネーサプライ伸び率格差，日米貿易収支購買力平価との差。

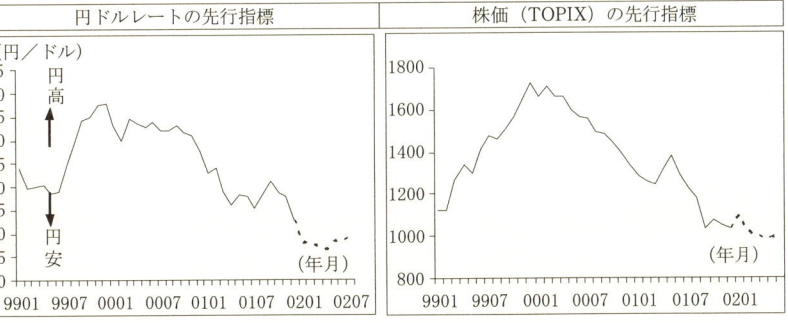

注1：実線は実績値（01年12月まで），点線は先行指標による予測値（02年1月～6月）。
注2：説明変数：自己ラグ（1期），長短金利差，株式投資，円ドルレート。

ドルレートの方向を展望できる。TOPIX（東証株価指数）は，近年東京株式市場で外国人投資家のウエートが高まっていることを考慮し，円ドルレートやニューヨーク株価，対内株式投資を中心に過剰流動性や景気先行指標などの国内要因と合成して作成している。

・11章で紹介するデータの出所

景気動向指数（内閣府）：
　　http://www.esri.cao.go.jp/jp/stat/menu.html#di
機械受注統計（内閣府）：
　　http://www.esri.cao.go.jp/jp/stat/menu.html#kikai
　※　次は 150 ページ

12 章

内需の予測

《この章で学ぶこと》

ここでは，内需の各項目（個人消費，住宅投資，設備投資，財政支出）の予測方法について解説します。11章で紹介した先行指標で見通せる期間は限られます。その先を予測するには理論的アプローチが必要になるので，消費関数や投資関数など予測の際に必要となる経済理論も合わせて学習することにしましょう。

1 個人消費の予測

　向こう1年程度の個人消費は，2章で説明した先行指標である程度見通すことが可能である。ここでは，その先の予測の考え方について解説するが，マクロレベルの個人消費は，基本的には先行指標によるアプローチと同じくケインズ型消費関数（可処分所得×消費性向）で考えることにする。ただし，この式で求められるのは名目個人消費であるので，実質個人消費を求めるために最後に名目個人消費を消費デフレータで割ることにする。なお，ほぼどの項目にも共通だが，予測値はまず伸び率を推計し，年度予測なら前年度，四半期予測なら前年同期の実績にかけることで予測値の水準（実額や指数）を求める。したがって，算式は

　実質個人消費伸び率＝可処分所得伸び率＋消費性向上昇（ポイント差）－
　　　　　　　　　　　消費デフレータ伸び率となる。

(1) 可処分所得の予測

　可処分所得は雇用者報酬－直接税＋社会保障給付－社会保障負担で計算される。このうち，社会保障給付と社会保障負担は短期的な景気の影響を受けにくく，かつ先行きに関する情報が十分とはいえないので，とりあえず最新の実績値の伸び率でそのまま増加（ないし減少）するものと考えよう。一方，直接税（所得税，法人税）は景気や所得の影響を直接受けるので，景気全体のシナリオと整合的な予測でなければならない。このなかでもっとも大きな値となるのが雇用者報酬である。雇用者報酬＝サラリーマンの所得であり，統計を作成している内閣府の定義によれば，「個人事業主と無給の家族従事者を除くすべての者の所得」となっている。要するに自営業者と専業主婦以外はすべて含まれると解釈できる。

　雇用者報酬伸び率の求め方の手順は次のようになる。
① 雇用者報酬伸び率＝現金給与総額（1人あたり）伸び率＋雇用者数伸び率
② 現金給与総額（1人あたり）＝所定内給与＋所定外給与＋特別給与

図12-1 春闘賃上げ率と所定内給与

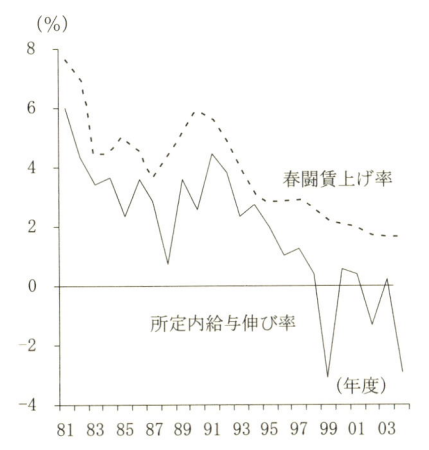

図12-2 鉱工業生産と所定外給与

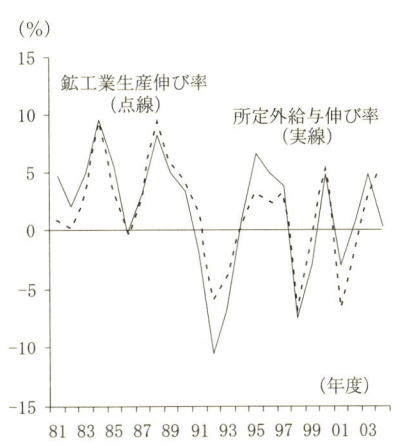

出所：労働厚生省。

出所：労働厚生省，経済産業省。

各給与項目の内容は以下の通りである。
・所定内給与：基本給に相当，伸び率は春闘賃上げ率と連動（図12-1）
・所定外給与：残業代に相当。鉱工業生産の伸びと連動性高い（図12-2）
・特別給与：賞与（ボーナス）に相当。業績（利益）との連動性高い

可処分所得のうち，雇用者報酬以外の部分については，直接税は景気（GDP）との連動性が高いため，予測全体との整合性が取れていることが求められる。社会保障の給付・負担は保険料率の引き上げや受給者数の大幅増加など特別な要因がない限りは過去のトレンドで数字をおけばよいであろう。

(2) 消費性向の予測

消費性向は短期的には消費マインドを反映するとみなすが，中長期的には人口構成や税制の影響を強く受ける。たとえば，高齢化が急速に進んだ場合，高齢者，特に年金生活者はフローの所得がなく過去の蓄えで消費を行うため，消費性向は大きくなる。また，消費税率が上昇した場合も消費性向は上昇することになる。消費支出には消費税額も含まれるため，消費税率が引

き上げられれば名目個人消費は膨張する。しかし，これは見かけ上増えているに過ぎず，消費の中味＝実質個人消費が増えているわけではないので，消費デフレータも押し上げることになる。

(3) 消費デフレータの予測

消費デフレータは，GDP レベルの消費者物価である。消費に関する物価としては，消費者物価指数（CPI）が一般的であるが，CPI はラスパイレス指数であり，消費構造の変化による物価変動が反映されにくいという欠点がある。これに対し，GDP デフレータの構成項目である消費デフレータは3章でも述べたように現在は連鎖方式であり，消費構造の変化が反映される仕組みになっている。したがって，消費デフレータの予測は，CPI の動向をベースにしつつ，消費の中身の変化を加味して行うということになる。たとえば，デフレ下では消費者は少しでもいい物を安く買おうとする。そのような行動が支配的になると，名目消費は伸びないものの，デフレータを下げることによって実質消費の水準が維持されることとなる。逆に好景気でインフレになると，消費者の財布のひもが緩み，高額品がよく売れるようになったりする。そうなると，消費デフレータは消費者物価以上に上昇することとなる。

2　住宅投資の予測

(1)　住宅投資の決定要因
①　金　利

金利はローンを組んで住宅投資を行う際の直接的な借り入れコストであり，データとしては住宅金融公庫金利か都市銀行金利を用いることが多い。基本的には金利の低下（上昇）は住宅投資を促進（抑制）するが，より厳密には金利のレベルよりも先行きの方向感で決まるといえよう。金利がピークアウトして低下に転じても，まだまだ低下すると思えばローンを組むのを先送りする人が多いと予想されるからである。

② 所　得

　消費と違って住宅投資は生涯所得でまかなうものであり，フローの所得の増減が大きな影響を与えるとは考えにくい．しかし，住宅取得件数には住宅取得能力が大きな影響を与える．住宅取得能力指数は，資金調達能力÷住宅価格で計算するが，資金調達能力は金融機関からどれだけ借り入れができるかであり，年収の5倍が目安となる．したがって，フローの所得も資金調達能力を通じて間接的に住宅投資に影響を与える．

③ 税　制

　住宅投資はGDPの約3.6％（2004年度実績）にすぎないが，家具や家電製品など耐久消費財需要への波及効果が期待できることから，しばしば景気対策として住宅投資促進策が盛り込まれる．具体的には，住宅ローン残高に応じて税控除枠を拡大する住宅ローン減税のかたちで実施される．特に，バブル崩壊後長期にわたり景気が低迷した90年代には93年，95年，97年の3度にわたり住宅ローン減税が実施され，それなりの効果があったと考えられる．

④ 地　価

　地価は理論的には2つのルートで住宅投資に影響を与える可能性がある．1つは，地価が住宅価格を変動させ，それが住宅投資に影響を与えるケースであり，もう1つは地価上昇が資産保有動機としての住宅取得に影響を与えるケースである．前者は地価下落（上昇）が住宅取得にプラス（マイナス）に効き，後者は地価下落（上昇）が住宅取得にマイナス（プラス）に効くと考えられる．要するに，どちらを重視するかで地価が住宅取得に与える影響は逆になるわけであり，こういう場合は計量分析でどちらの考え方が実際に妥当しているかを明らかにする必要がある．表12-1は，やや期間が古いが，次に紹介する住宅ストックを含めて90年代以降の日本の実質民間住宅投資の変動要因を計量分析によって明らかにしたものである．それによれば，実質可処分所得以外の要因はすべて有意であり，地価は住宅投資にマイナスの影響を与えている．つまり，地価下落は住宅投資を促進するという見方を支持する結果となっており，いわゆる土地神話はすでの過去のものに

⑤ 住宅投資のストック調整

住宅投資は今期の経済行動であるが，住宅投資のストックは今後の住宅投資に影響を与える。ストックが大きく伸びれば，それは住宅投資ブームが起きていることを意味し，その後の住宅投資をスローダウンさせるとの見通しが成り立つ。表12-1の推計結果で実質住宅ストックがマイナスに効いているのはこのような解釈が妥当であることを示している。

表12-1 住宅投資関数の計測結果

推計期間：91年1～3月期～2000年1～3月期	
決定係数：0.774，DW比：1.009	
説明変数	係数（t値）
実質可処分所得（4期ラグ）	0.80 (0.96)
実質住宅ストック（4期ラグ）	▲6.22 (▲8.36)
全国住宅地地価指数（2期ラグ）	▲1.54 (▲1.99)
住宅ローン金利（都市銀行　変動）（2期ラグ）	▲0.76 (▲6.81)

(2) 予測フロー：予測値作成の考え方

住宅投資に影響を与える要因は先述の通りであるので，ここでは住宅投資（GDPベース）の予測手順を説明する。まず，実質住宅投資は，

① 持家，貸家，分譲住宅，給与住宅の着工戸数を予測する。
② 持家，貸家，分譲住宅，給与住宅の1戸あたり床面積を予測し，①で予測した着工戸数にそれぞれ乗じ合計する。
③ ②で求めた住宅着工床面積の伸び率を実質住宅投資の伸び率とする

という手順で予測値を求める。次に，名目住宅投資は実質住宅投資×住宅投資デフレータによって求める。住宅投資デフレータは，住宅建築の費用（住宅資材価格，工事費など）によって決定される。

3　設備投資の予測

(1) 設備投資の決定要因

5章でも述べたように，企業は設備投資を行うにあたっていくつかの要因

を考慮する。改めて整理すると以下のようになる。

① 金利

ケインズ型投資関数では説明変数として金利がもっとも重視される。金利は資金調達のコストであり，金利低下は設備投資，特に独立投資のの拡大要因と考えられる。具体的なデータとしては，国内銀行の貸出約定金利（新規・長期）が最適である。

② 企業収益

収益拡大は直接的にはキャッシュフロー増加を通じて設備投資拡大の原資となるが，それだけでなく，さらに，期待成長率（具体的には総資本営業利益率）上昇を通じて投資マインドにも影響を与える。金利に反応する投資を独立投資と呼ぶのに対し，企業収益（さらには景気）の変動によって動く投資を誘発投資という。

③ 資本ストック

資本ストック（ある時点における設備や事務所などの総計）は，更新投資の説明要因となる。たとえば，資本ストックが積み上がっていると，それは生産能力が拡大していることを意味する。しかし，生産能力が拡大している状況で景気が下降局面を迎えると，稼働率が低下し，過剰設備が顕在化することとなる。そうなると，企業は設備投資を抑制する。したがって，資本ストック拡大は設備投資にマイナスに効くこととなる。

④ その他

①〜③以外に設備投資へ影響を与える要因の第一は投資減税（加速度償却など）である。加速度償却とは，減価償却の期間を短縮することで，結果として企業が保有する固定資産への課税を軽減する効果がある。

第二は直接投資である。日本企業が国内で設備投資を行えば日本のGDPに計上される。しかし，たとえば中国で工場を建設すれば，それは日本のではなく中国のGDPに計上される。このように，海外で設備投資を行うことを直接投資というが，企業は国内と海外の生産能力を合計してトータルの生産能力をコントロールするため，直接投資の拡大はともすれば国内の設備投資を抑制することになりかねない。

> **＜コラム 14：国内と海外の生産拠点＞**
>
> 　メーカーが海外，特にアジアに生産拠点を構える最大の理由は人件費の安さである。しかし，人件費の安さだけで生産拠点を決めてしまえば，国内は空洞化が進んでしまう。企業としては少しでも国内の雇用を確保するため，海外で生産しないと採算が合わない製品と，国内で生産しても採算が合う製品，さらには，少ないながらも国内で生産した方が競争力のある製品とですみ分けを図っている。たとえば，液晶やプラズマテレビなどはほぼ100％国産である。
>
> 　自動車も国内の販売分に関しては国産で対応している。日本の自動車メーカーが中国で生産を開始すると，いずれ逆輸入を通じて国内の空洞化につながると懸念する向きもあるが，自動車に関しては長期的にはともかく当面は中国での生産は中国の内需をまかなうものであり，過度に空洞化を警戒する必要はないと思われる。

(2) 設備投資の決定要因分析

　住宅投資同様，計量モデルによるシミュレーションを予測の出発点として位置づけ，しかる後に定量化できない要因を加味して予測値をブラシュアップするものとする。四半期モデル（金利以外は対数変換）による設備投資関数の推計結果は表12-2の通りである。経常利益とGDPは符号条件を満たしかつ有意であるのに対し，資本ストックは符号条件を満たしているものの，t値は有意ではない。また，貸出約定金利は符号条件を満たしていない。

　以上から言えることは，最近の日本企業は金利よりも景気や企業収益などに敏感になっており，それだけ投資の意思決定に慎重になっているとみなすことができる。

表12-2　設備投資関数の計測結果

推計期間：94年1-3月期～2004年10～12月期	
説明変数	係数（t値）
資本ストック（4期ラグ）	▲0.15（▲1.07）
経常利益（2期ラグ）	0.17（5.69）
GDP（2期ラグ）	1.93（5.79）
貸出約定金利（国内銀行　総合）	0.018（0.74）

注1：設備投資，経常利益，GDPは季節調整値。
注2：貸出約定金利以外は対数変換。

(3) 設備投資の予測

向こう1年程度の設備投資予測は先行指標である機械受注と上記モデルによるシミュレーションを中心に行う。それ以降については，まず，ジュグラー・サイクルでみてどの局面にあるかが重要ポイントになる。ジュグラー・サイクルは5～10年の設備投資循環であるが，山と谷の間のインターバルがどれくらいになるかはその時の状況，特にデフレギャップによる。また，粗資本ストックから減価償却額を差し引いた純資本ストックもあわせてみる必要がある。資本ストックが量的に大きくても，vintage（資本年齢）が大きければ，それだけ設備の老朽化が進んでいることになり，潜在的な設備の更新需要が高まっていると見なければならないからである。

また，長期的視点から今後の日本経済を見た場合，少子高齢化が急速に進むことから，生産性が高い若年労働力が不足することがかなり高い確率で予想される。そこで，労働力不足を補う1つの手段として，なるべく労働を資本で置き換える要素代替が進むことが考えられる。その場合は，設備投資の年平均伸び率は押し上げられることになる。

4　財政の予測

(1) GDP統計における財政支出
① 公的固定資本形成（政府投資）

政府の歳出項目は大まかに投資的経費と経常的経費に分けられる。このうち，投資的経費が公共事業など公的固定資本形成と呼ばれる支出項目になる。名称が少々長いので，エコノミストの間では政府投資と呼ぶのが一般的であるが，支出対象がたとえば橋や道路など固定資本であるので，公的固定資本形成というのである。

② 政府最終消費支出

個人消費と違って政府の消費支出というのはイメージがわかないかもしれないが，具体的な内容としては公務員の人件費，防衛費（武器購入等）が代表的であり，これに社会資本ストックの減価償却費などが加わる。

③ 公的在庫投資

民間と違って政府による在庫投資は，公的部門ならではの品目が対象になる。たとえば，日本がほぼ全面的に輸入に依存している原油の備蓄がそうである。原油はエネルギーの根幹を成すものであるが，主たる産油国が中東など政治的に必ずしも安定していない地域であるため，一国政府としては安定供給が重要課題となる。したがって，備蓄を行うのである。もう1つの重要な品目がコメ（政府買い入れ米）である。米には政府流通米と自主流通米の2種類があるが，政府が管理する政府流通米の買い入れと売却の差額が公的在庫投資に計上されるのである。このほかに，不定期的な支出ではあるが，政府が金貨を発行する際に輸入される金についても，輸入時点では公的在庫投資に計上される。

(2) 財政支出項目の予測

財政支出は前年度のうちに予算として計画され，予算に沿って実行される。したがって，少なくとも短期ではもっとも確実な予測項目であると思われるのだが，（筆者の個人的見解ではあるが）実はそうではなく，もっとも予測が困難な項目である。これは，① 中央政府（国）の歳出に関するデータは整備されているが，政府支出全体の過半を占める地方政府（都道府県，市町村）のデータが不十分である，② 地方政府では，財政難から国の補助事業を優先し，地方単独事業が減らされるため，予算では計上されても実際には消化されずに終わるケースが増えている，③ 予算は年度ベースで作成されるため，実際の支出がいつ行われるかを示すデータがなく，そのため，年度ベースの予測値はできても，四半期分割がむつかしい，などの理由によると思われる。

中期的な予測については，政府が発表する「中期財政展望」が数字面での目安になる。最初に発表されたのは，2002年1月の経済財政諮問会議においてであるが，そこでは，2010年度までにプライマリー・バランス（財政収支のうち国債費を除いた部分）を均衡させることが目標として掲げられた（図12-3）。その後，足もとの経済財政状況をふまえつつ毎年改

定が加えられている。

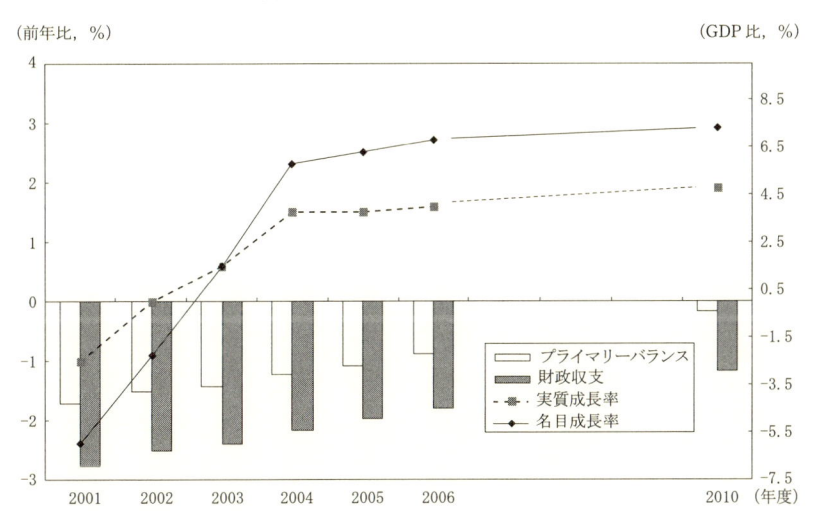

図 12-3　経済財政諮問会議の想定

(前年比, %)　　　　　　　　　　　　　　　　　　　　　　　　　　(GDP比, %)

凡例：
□ プライマリーバランス
■ 財政収支
---■--- 実質成長率
--◆-- 名目成長率

注：グラフは基礎年金国庫負担が3分の1の場合の想定。財政赤字は貯蓄投資差額（一般政府）を用いた。
出所：2002年1月18日経済財政諮問会議提出・参考資料より作成。

・12 章で紹介するデータの出所

春闘賃上げ率（厚生労働省）：
　　　http://wwwdbtk.mhlw.go.jp/toukei/kouhyo/indexkr_7_1.html
経済財政諮問会議資料：
　　　http://www.keizai-shimon.go.jp/minutes/2005/0518/agenda.html
※　次は 160 ページ

13章

為替レートと外需の予測

《この章で学ぶこと》

この章では，為替レートと輸出入の予測方法について学習します。為替レートの予測は期間によってアプローチ方法が変わるため，体系的に学習しましょう。輸出入は海外との財サービスの取引ですが，それを予測するには内外景気や為替レートなど経済の幅広い動きに目配りが必要です。6章で学んだ知識が生かせますね。

1 為替レートの予測

(1) 短期の予測（1年以内）

為替レートの予測で具体的にどれくらいの期間を短期というかは立場によって異なる。為替ディーラーなら1日でも長期かもしれないし，輸出メーカーならば，3ヶ月～6ヶ月くらいが短期となろう。ここでは，短期の定義を1年以内とし為替レートの決定要因を考えてみよう。

① 経常収支・貿易収支

日本は経常収支，貿易収支いずれも黒字であるので，黒字の増減を例に説明する。たとえば，日本の輸出が増えて貿易黒字が拡大したとする。輸出代金はドルで受け取ることが多いので（ドル建て輸出），日本国内へ持ち込んで使うには，ドルを円に交換しなくてはならない。この場合，ドル売り円買い需要が発生するので，貿易（経常）黒字拡大は円高要因となる。

② 内外金利差

為替レート決定における各国の金利は当該国の金融資産の魅力を意味する。たとえば，日本の金利が低下し米国の金利が上昇すれば，日米の金利差が拡大し日本から米国の金融資産（国債，株式など）への投資が増えて，円売りドル買いが加速し，ドル高（＝円安）要因となる。

③ 景　気

景気と為替レートの間の直接的な因果関係はそれほど強くないが，一般的に経済成長率の高い国の通貨が買われる傾向にある。これをバラッサ＝サミュエルソン仮説という。バラッサ＝サミュエルソン仮説にしたがえば，経済成長率の高い国の通貨は保有していて安心感があるため，買われる傾向にあることになる。中国の通貨（人民元）への諸外国からの切り上げ圧力はこの考え方が背景にある。

④ 市場介入

日本では円高局面で財務省の指示により日本銀行が円売りドル買い介入を行うことがある。かつては，景気後退局面で自国通貨を減価させて輸出主導

で景気回復を図るという政策がしばしばとられたが,このような政策は近隣窮乏化政策であるとして国際的な批判を浴び,現在はスムージング・アウト・オペレーションが主流である。円高は日本経済にとってプラス要因ではないが,日本企業の円高への抵抗力は年々強くなっており,円高自体はそれほど問題ではなくなっている。問題があるとすれば円高の進行スピードである。輸出企業がもっとも困るのは,短期間に急速に円高が進むことである。したがって,円高のスピード調整のために市場介入するというのが最近の通貨当局のスタンスである。このようなタイプの市場介入をスムージング・アウト・オペレーションというのである。

(2) 中長期の予測(3年～5年)

長いタイムスパンでは,金利や貿易などよりも内外の物価動向が為替レートの決定にとって重要となる。2国の物価が等しくなる為替レートの水準を購買力平価(Purchasing Power Parity, 略してPPP)という。図13-1には,日米の3つの物価指数(輸出物価,国内企業物価,消費者物価)を用いて計算したPPPと現実の円ドルレートの推移が描かれている。それによれば,変動相場制移行後PPPはほぼ一貫して円高基調で推移しているが,

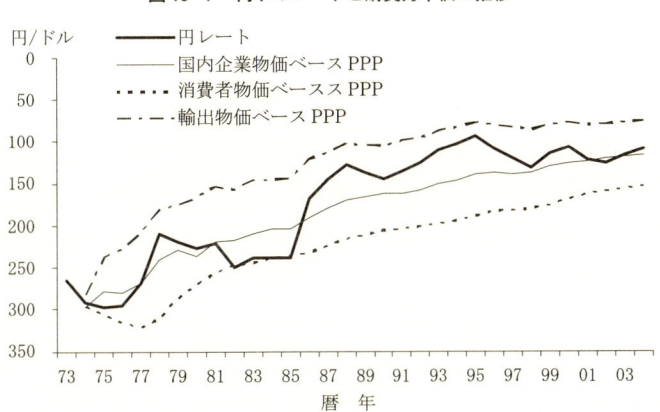

図13-1 円ドルレートと購買力平価の推移

出所:購買力平価(PPP)は筆者試算による。

これは，日本の物価上昇率が米国の物価上昇率を下回っていることによる。また，現実の円ドルレートは，国内企業物価ベースの PPP と輸出物価ベースの PPP の間で推移しており，今後の長期的な円ドルレートの方向性を考える上でもこの 2 つの PPP が大きな目安となろう。

2 輸出の予測

(1) 輸出統計の種類

輸出には複数の統計が存在し，輸出の範囲としてどこまで含めるか，どの時点で輸出として計上されるか，の 2 点で違いが生じる。通関統計は輸出国からの出港予定時点で輸出に計上される（詳しくはコラム 15 参照）。範囲は財（モノ）に限定される。国際収支ベースの輸出は財だけでなくサービスも含まれる。GDP ベースの輸出もほぼ国際収支ベースの輸出と同じである。

(2) 輸出の決定要因

輸出の決定要因は，海外景気，為替レート，その他に分類される。輸出とは海外での需要であるので，海外の景気がよければ自国の輸出は拡大する。日本の場合は，米国向けとアジア向けの輸出が多いので，これらの地域の景気が重要である。為替レートは，自国製品の相対価格を表わす。たとえば円高になった場合，競合する外国製品と比べたときの相対価格が上昇するため，輸出数量を抑制する要因となる。その他の要因としては日本企業の海外展開にともなう輸出が重要である。たとえば，アジア地域への直接投資拡大は，日本からの資本財（生産設備）や生産財（部品）の輸出を促進することが明らかになっている。中国を筆頭にアジア地域は 80 年代以降外資を積極的に誘致する政策を打ち出したことと日本より人件費が安いことなどから，加工組立産業を中心に日本企業が工場を建設し，生産活動を行っているが，資本財や生産財などの周辺産業が未発達であるため，日本からの輸出に依存せざるを得ない状況が続いているのである。

(3) **輸出予測の手順**

輸出の予測は以下の手順で行われる。

① 輸出数量×単価＝輸出金額（通関，円ベース）
② ①×転換率＝国際収支ベース輸出金額
③ サービス輸出＝旅行受取＋輸送受取＋建設受取＋特許権受取＋金融受取＋その他受取
④ 名目財サービス輸出＝②＋③
⑤ 実質財サービス輸出＝④÷輸出デフレータ

上記の各手順では，それぞれの定量的情報と定性的情報から予測値を作成する。たとえば，輸出数量は世界経済，特に日本の主要輸出先である米国やアジアの景気見通しを参考に予測値を作成する。

―――――――――――――――――――――――――――
＜コラム15：輸出入統計の種類＞

(1) 転換率とは

　輸出にも輸入にも「転換率」が登場する。転換率は，以下の算式によって求められる。

　　輸出転換率＝国際収支ベース輸出÷通関ベース輸出
　　輸入転換率＝国際収支ベース輸入÷通関ベース輸入

(2) どの時点で輸出入と認定するか

　通関と国際収支で数字が異なるのは，どの時点で輸出（ないし輸入）と認定するかの違いによる。国際収支ベースは所有権移転時に計上するのに対し，通関ベースは輸出では出港予定時，輸入では許可時に計上する。

(3) 評価金額

　統計としての輸出入金額には，商品の代金だけでなく，運賃，保険など諸費用が含まれる。詳細は以下の通りである。

国際収支ベース：輸出入ともFOB
通関ベース：輸出はFOBだが，輸入はCIF
　※ FOB：貨物代金のみ，CIF：運賃や保険，送料を含む
―――――――――――――――――――――――――――

3 輸入の予測

(1) 輸入統計の種類

輸出統計同様輸入の統計も通関ベースと国際収支ベースの2つがある。

＜コラム16：輸出の高付加価値化をどうとらえるか＞

輸出の高付加価値化を定量的に定義すると，1輸出品目あたりの単価の上昇ということになる。しかし，単価上昇には，1) 国内要因による単価上昇，2) 為替要因による単価上昇も含まれるため，これらの要因を除いて，高付加価値化部分のみを抽出する必要がある。1) と 2) の動きは輸出物価指数に反映されているとみることができる。なぜかというと，輸出物価指数は固定ウエートであるため，輸出品目の構成変化を考慮しておらず，また，円の手取りベースの値であるため，為替レート変動の影響が含まれていることによる。

高付加価値化の程度は，以下の式で定量的な把握が可能である。

輸出価格指数伸び率（※）－輸出物価指数伸び率

※ 財務省「貿易統計」所収

過去のデータは図13-2のようになっている。年によるばらつきはあるものの，80年代以降コンスタントに輸出の高付加価値化が進んでいることがわかる。

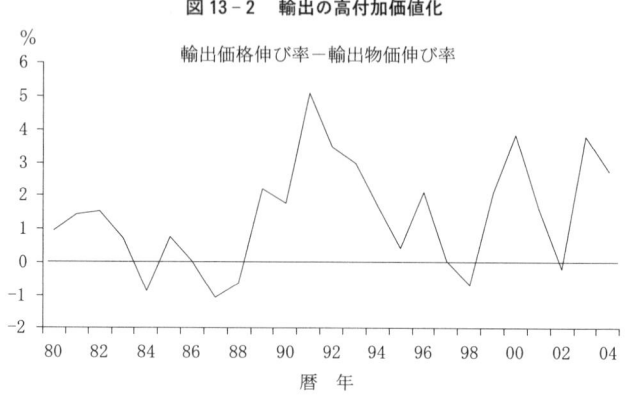

図13-2　輸出の高付加価値化

輸出価格伸び率－輸出物価伸び率

出所：財務省，日本銀行。

詳細はコラム 15 を参照されたい。

(2) 輸入の決定要因

輸入の最大の決定要因は国内景気である。景気以外では，為替レートが円高になれば円建ての輸入価格が低下するので，輸入を促進すると考えられるが，日本の場合，国産品と輸入品が限られた価格差の中で顧客を奪い合うというケースは少ないので，輸出ほど大きな影響は与えない。むしろ，原油をはじめ 1 次産品の大部分を輸入に依存していることからこれらの市況（たとえば，原油価格）の方が輸入金額には大きな影響を与える。

(3) 輸入予測の手順

輸入予測の手順は輸出と同じく以下の通りである。
① 輸入数量×単価＝輸入金額（通関，円ベース）
② ①×転換率＝国際収支ベース輸入金額
③ サービス輸入＝旅行支払＋輸送支払＋建設支払＋特許権支払＋金融支払＋その他支払
④ 名目財サービス輸入＝②＋③
⑤ 実質財サービス輸入＝④÷輸入デフレータ

(4) 地域別予測によるチェック

輸出，輸入を別々に予測し，最後に輸出－輸入で貿易収支を求める。外需予測の難関は，輸出入それぞれは納得できる予測値ができても，貿易収支（純輸出ともいう）が思うような数値になりにくい点にある。そこで，輸出入⇒貿易収支という順番で予測値をブラシュアップしていくが，最後に地域別の貿易収支予測値を作成し（図 13 - 3），トータルの貿易収支と整合性が取れるかどうかをチェックすることで輸出入予測の妥当性をチェックする。

図 13-3　日本の地域別貿易収支

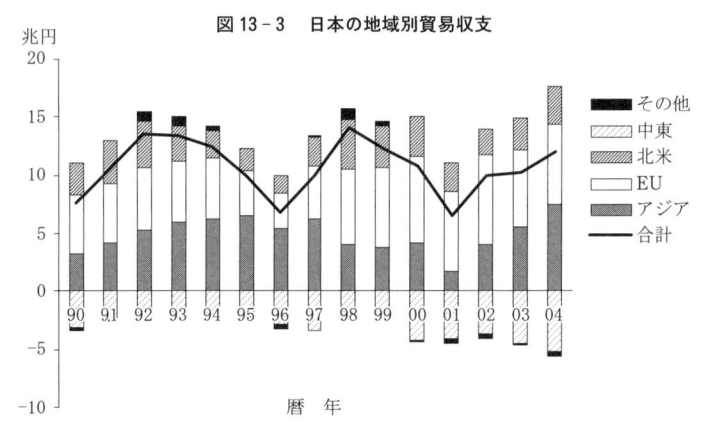

出所：財務省『外国貿易概況』。

4　経常収支・国際収支

(1)　手　順

経常収支＝貿易収支＋サービス収支＋所得収支＋経常移転収支であり，この式を構成する4項目の予測値を別々に作成して，最後に合計することによって経常収支トータルの予測値が得られる。そして，最後に経常収支対名目GDP比率を計算し，景気（GDP）予測とのバランス，整合性をチェックする。つまり，GDPの伸び以上に経常収支が拡大し続ければ，同比率は上昇し続けることになり，外需（輸出）主導での景気回復が続くことを意味する。

(2)　国際収支発展段階説

国際収支の発展段階とは，米国や英国の経験を基にした国際収支のライフサイクルに関する1つの考え方である。

国際収支の発展段階とその分類基準は表13-1の通りであるが，

表 13-1　国際収支の発展段階

段　階	財サービス収支	投資収益収支
未成熟債務国	−	−
成熟債務国	＋	−
未成熟債権国	＋	＋
成熟債権国	−	＋

この分類にしたがえば日本は現在,未成熟債権国の段階にある。未成熟債権国とは,財・サービス収支,投資収益収支とも黒字という状況である。今後,貿易黒字縮小,サービス赤字拡大によって財・サービス収支が赤字に転じれば成熟債権国に転落(?)の可能性もある。ただし,経常黒字が存在する限りは対外純資産が拡大するので投資収益黒字(直接投資収益,利子・配当)は拡大する。

<コラム 17:輸入構造の変化と価格>

・輸入物価指数と輸入価格指数(図 13-4)

　どちらも輸入品の価格を表わしている点では同じだが,輸入物価指数は国内企業物価指数の1項目なので,ラスパイレス指数,つまり,構成品目のウエートは同じである。

　輸入価格指数は輸入総額÷輸入数量で求めるので,輸入品目の構成変化も反映される。たとえば,輸入全体の中で,繊維など単価の安い製品のウエートが低下し,機械など単価の高い製品のウエートが上昇すれば,輸入物価指数が一定でも,輸入価格指数は上昇する。したがって,輸出同様輸入の高付加価値を図るには,図 13-4 のように輸入価格伸び率から輸入物価伸び率を引く必要がある。

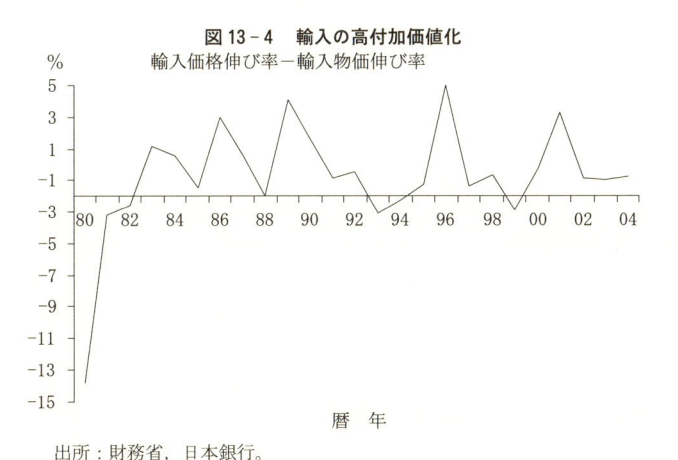

図 13-4　輸入の高付加価値化
輸入価格伸び率－輸入物価伸び率

出所:財務省,日本銀行。

たとえば，イギリスの場合はインドを中心とする旧植民地からの膨大な投資収益が成熟債権国を支えていた。日本は軍事を伴わない対外直接投資の蓄積で対外純資産を拡大し，投資収益といういわば「年金」を海外から受け取るという壮大な実験を行っている。

第Ⅱ部では経済予測について紹介しました。経済予測の担い手はシンクタンクですが，多くのシンクタンクでは経済予測の数値，レポートなどを Web 上で無料公開しています。以下では，主要なシンクタンクの経済予測サイトの URL を掲載します（50 音順）。

＜銀行系シンクタンク＞
　　日本総合研究所：
　　　　http://www.jri.co.jp/thinktank/research/economic/report-j/index.html
　　みずほ総合研究所：
　　　　http://www.mizuho-ri.co.jp/research/economics/index.html
　　UFJ 総合研究所：
　　　　http://www.ufji.co.jp/publication/report/index.html
＜証券系シンクタンク＞
　　大和総研：
　　　　http://www.dir.co.jp/research/economic/index.html
　　三菱証券：
　　　　http://www.mitsubishi-sec.co.jp/
＜生命保険系シンクタンク＞
　　第一生命経済研究所：
　　　　http://group.dai-ichi-life.co.jp/dlri/monthly_index.html
　　ニッセイ基礎研究所：
　　　　http://www.nli-research.co.jp/stp_repo.html
＜その他シンクタンク＞
　　日本経済研究センター（要旨のみ無料）：
　　　　http://www.jcer.or.jp/
　　三菱総合研究所：
　　　　http://www.mri.co.jp/DATA/A/B/C/02.html

14章

短期経済予測の実践

《この章で学ぶこと》

14〜16章では,経済予測についての具体的なイメージを持っていただくため,短期,中期,長期各経済予測について紹介します。この章では翌年度までを予測期間とする短期経済予測について紹介します。ここまでに学んだ知識を総動員して理解に努めましょう。

短期経済予測は向こう1～2年の経済見通しであり，答えがすぐ出るため予測数値（名目および実質のGDP成長率）の作成も緻密なものが求められる。以下では，本書執筆時点（2005年3月）における最新のデータ，情報をもとに向こう1年（～2006年3月まで）の経済予測を実践してみたい。

1 手順・スケジュール

　まず，全体的な手順と期間を押さえておこう。短期予測はGDPの実績値の発表に合わせて，3ヶ月に1度行われる。したがって，出発点は今の経済状況が前回の予測通りに推移しているかどうかを確認するところにある（ただし，前回予測がないのでここではこのプロセスは省略する）。予測どおりに順調に推移していれば，基本的に予測に大きな変更は必要ない。しかし，何らかの狂いが生じた場合，たとえば，景気の先行き減速を示すような経済指標が発表されたりすれば，予測のシナリオは修正を迫られることとなる。予測値の対外的な公表はGDPの実績値が発表されてから約1週間後が一般的である。もっとも，最近は発表の速報化を争うようなところがあるが，これは必ずしも生産的なこととはいいがたい。

2 景気の現状の確認

(1) GDP速報値の評価

　10～12月期の実質GDP成長率（連鎖方式，前期比）は年率マイナス0.5％で3四半期連続のマイナス成長となった（図14-1）。政府は長期的な上昇トレンドの踊り場局面との認識を変えていないが，少なくとも短期的には景気は息切れ状態にある。特に，この間景気回復をリードしてきた設備投資が失速気味になってきていることが景気全体の減速感につながっている。そうした中で，なんとか景気の下支え役を果たしているのが，コンスタントにプラス成長を持続している個人消費である。家計の所得環境は依然として目立った好転はみられないが，消費マインド（消費性向）の上昇が個人消費を押し上げている。

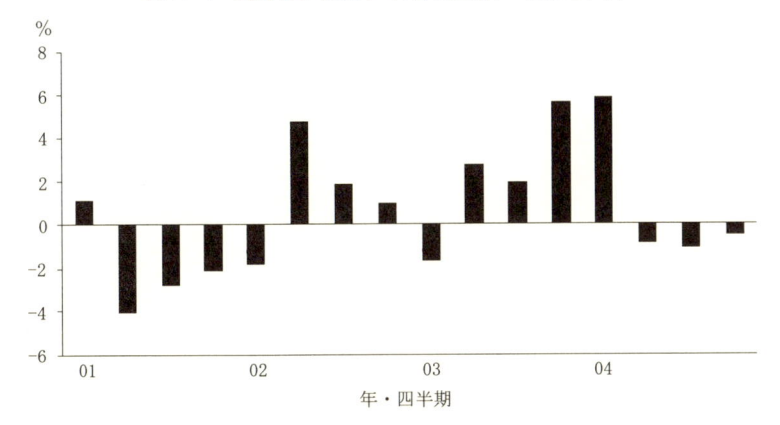

図 14-1　実質 GDP 成長率（季節調整済み・前期比年率）

出所：内閣府『四半期別 GDP 速報』。

(2) 景気動向指数

景気の現状を示す景気動向指数（一致系列）は，7月まで15ヶ月連続で好不況の分岐点とされる50以上であったが，8月（45.5），9月（36.4），10月（10.0）と，3ヶ月連続で50を下回っている。10月についてプラス系列とマイナス系列を示すと以下のようになる。

- プラス系列：有効求人倍率，百貨店販売
- マイナス系列：鉱工業生産，鉱工業生産財出荷，大口電力使用量，所定外労働時間，中小企業売上高，**投資財出荷**，**商業販売額（卸売業）**，商業販売額（小売業）

特に，この中で注目すべきは前月までプラスであったのに，今月マイナスに転じた投資財出荷と商業販売額（卸売業）（いずれもゴシックで表示）である。投資財出荷には，設備投資用の機械や，建設資材などが含まれ，まさに設備投資の進捗状況を示すデータである。投資財出荷がプラスからマイナスに転じたということは，設備投資がピークアウトして下り坂に向かい始めたシグナルと理解することができる。

(3) キチン・サイクル（生産・在庫）

図 14-2 には，月次データによる生産と在庫の伸び率（季節調整済，前月比）が示されているが，生産は 2004 年 8 月をピークに横ばいないし若干の低下傾向にある。一方，在庫水準は 2001 年半ばから 2002 年にかけて大きく低下した後はほぼ横ばいである。今回の景気後退がそれほど深刻にならないと多くのエコノミストがみている理由の 1 つとして，在庫水準が十分低く在庫調整が軽微なものにとどまるであろうということがある。

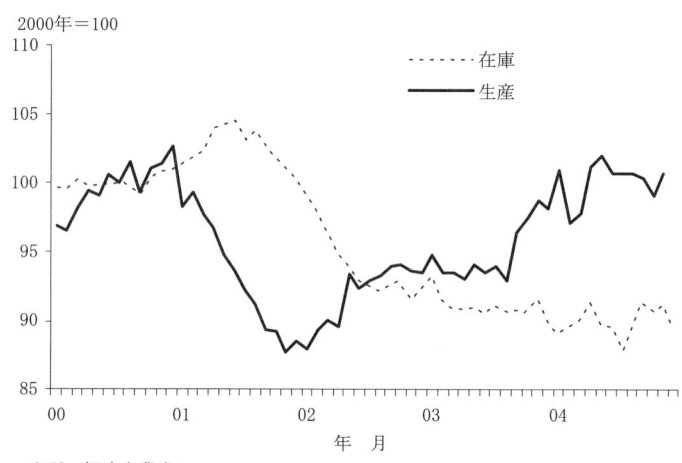

図 14-2　生産と在庫の推移（季節調整値）

出所：経済産業省。

3　先行指標による展望

ここまでに紹介したいくつかの先行指標を点検しよう。9 月の景気動向指数（先行系列）は 33.3 となり，17 ヶ月ぶりに 50 を下回り，10 月も 20.0 となっている。注目される設備投資の先行指標である機械受注（船舶・電力除く民需）は，7～9 月期は前期比マイナス 8.4％と大幅マイナスを記録したが，10～12 月期は同プラス 6.0％となった。1～3 月期の見通しもプラスであるので，機械受注統計からは設備投資が減少トレンドに入ったとは断言で

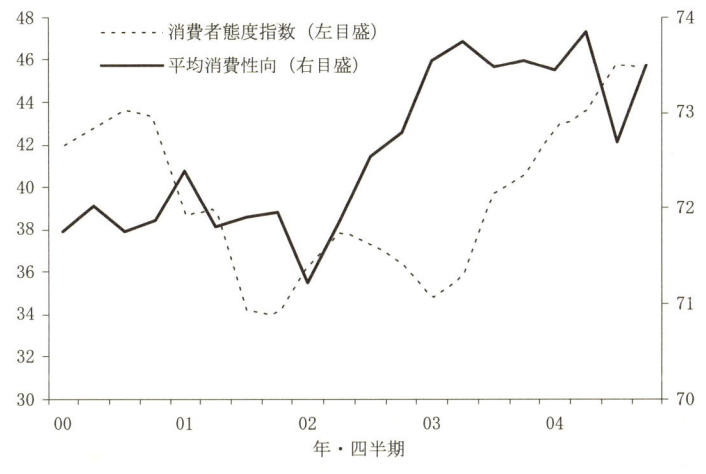

図14-3　最近の消費者態度指数と平均消費性向

出所：内閣府，総務省。

きないが，2006年3月期の企業収益は鈍化する公算が強いので，いずれ設備投資も調整局面を迎える可能性が高い。

　図14-3には平均消費性向とその先行指標である消費者態度指数の動向が示されているが，2002年以降の消費性向上昇の過程では両者の関係が逆転している。2003年は消費者態度指数は横ばいながら平均消費性向は上昇しており，消費者態度指数が上昇するのは2003年に入ってからである。ということは，2002年の消費性向上昇は消費マインドが盛り上がったというよりは，ラチェット効果によるものとみられる（11章コラム12参照）。これに対し，2003年以降は景気の順調な回復と失業率の低下を反映して消費マインドが回復したという素直な解釈ができよう。ところが，足もとでは消費者態度指数は頭打ち傾向にあるとみられ，今後消費性向主導で消費が拡大する余地は限られている可能性が高い。次に企業サイドであるが，日本経済新聞社が2004年10月に企業経営者に対して行った「社長100人アンケート」があり，それによれば，企業経営者の多くが2005年1～6月に景気は山を迎え，2005年の日本の実質経済成長率が1.5～2.0％にとどまるとみる経営者が5割近くに上っている。

以上,景気の現状指標および先行指標から言えることを整理すると,国内景気は,四半期では2004年7〜9月,月では2004年7月がピークであり,その後景気後退に入ったとみられる。

4 景気シナリオの作成

先行指標からは,まず,設備投資が下降トレンドに入り,個人消費も所得が伸びないなかで,消費性向も頭打ちから下落に転じ,民需の2大項目主導で2005年度いっぱいは景気後退局面となる。設備投資と並んで今回の景気回復を主導した外需(米国,アジア向けを中心とする輸出)も,2005年度には世界景気の減速から景気への寄与が低下すると見られる。では,景気後退はいつまで続くかであるが,図14-4には,雇用者報酬の対名目GDP比が示されている。今回の景気回復期間中この比率は下降しており,企業が人件費負担を軽減する調整が続いているとみることができる。しかし,この比率は2004年7-9月時点で52.3%まで低下しており,さらに必要な低下余地は限定的である。また,設備投資については,ジュグラー・サイクルが

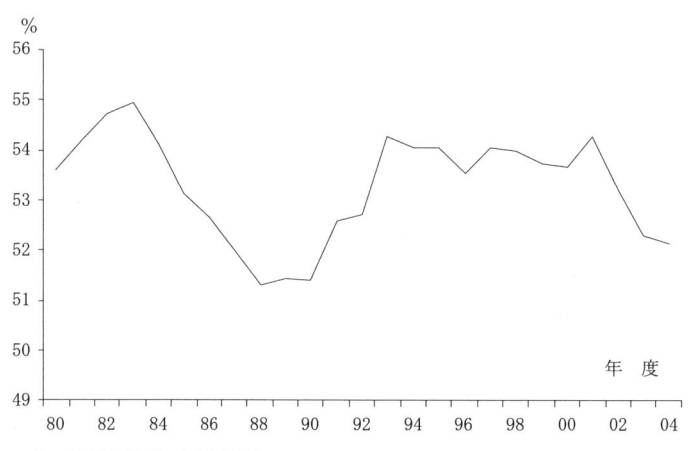

図14-4 雇用者報酬対名目GDP比

注:雇用者報酬÷名目GDP。
出所:内閣府。

2010年くらいまで上昇局面にあり，デフレギャップもほぼ解消されていることから，調整は軽微なものにとどまると予想される。以上から，景気後退期間は過去の平均（約1年半）程度で終息し，2006年度には再び拡大軌道に乗るものと予測する。後述する各予測機関の見方もおおむねそのようになっている。

5 GDP予測値の作成

　経済予測ないし景気見通しは最終的には名目および実質のGDP成長率という数字で表わすことになる。しかし，当然ながら数字そのものを的中させることは困難なわけで，それよりも要は今後の景気の見方を数字に語らせることに主眼があるのである。では，予測値作りの目安は何であろうか。もっともわかりやすいのは，前年度の成長率より高いか低いかである。上記のシナリオにしたがえば，2004年度が景気回復のピークになるので，少なくとも実質GDP成長率は2004年度より2005年度の方が低くならないとシナリオとの整合性が取れない。これが，第一のポイントである。第二のポイントは，5.2でも触れたが，2.0％前後とされる潜在成長率より高いか低いかである。潜在成長率とは，資本（設備，店舗など），労働といった供給サイドから見て達成可能な実質GDP成長率のことであり，日本に限らず一国経済の実力を図るバロメータとされる。したがって，ラフな言い方ではあるが，実質GDP成長率が2.0％を上回れば景気回復，下回れば景気後退との見方も成り立つ。もっとも実際はこのように「成長率の水準」と「景気の局面」が整合的に対応するわけではなく，2.0％より低くても景気回復局面だったり，逆に2.0％より高くても景気後退局面だったりすることがある。その意味では，成長率が前年度より高いか低いかの方が重要かもしれない。現時点では2004年10～12月期のGDP実績が発表されたところであるので，短期予測を行うとすれば，予測期間は2005年度までということになる。2005年2月19日付の日本経済新聞では，10～12月実績をふまえた民間の予測機関の予測値がまとめて掲載されているが，それによれば，2005年度の実質GDP成

長率予測値の平均は 1.2% である（表 14-1）。そして，最大値が 2.1%，最小値が 0.4% と分散は大きくなった。基本的にどの予測機関も 2005 年度にかけて景気が減速するとみているという点では見方が共通しているが，どの程度景気が落ち込むか，どれくらい調整に時間がかかるかという点で見方が分かれる分だけ予測値に差が出るのである。

表 14-1　主要予測機関の実質 GDP 成長率予測値

単位：%

予測機関	2004 年度	2005 年度
ゴールドマンサックス証券	1.7	2.1
BNP パリバ証券	1.7	2.0
みずほ総合研究所	1.5	1.5
第一生命経済研究所	1.5	1.4
日興シティグループ証券	1.5	1.4
日本総合研究所	1.5	1.2
明治安田生命	1.5	1.2
信金中央金庫	1.6	1.1
三菱総合研究所	1.6	1.1
住友生命総合研究所	1.7	0.9
日本経済研究センター	1.6	0.8
UFJ 総合研究所	1.6	0.6
三菱証券	1.6	0.4
平　均	1.6	1.2

出所：『日本経済新聞』（平成 17 年 2 月 19 日号）。

15 章

中期経済予測の実践

《この章で学ぶこと》

この章では向こう 3 〜 5 年を予測期間とする中期経済予測について,筆者が過去に発表した刊行物を紹介しながら学習します。中期的な景気循環であるジュグラーサイクルをベースに需給両面からのアプローチが求められます。

中期経済予測は向こう3〜5年の経済見通しであり，短期予測に比べると期間が長い分作業期間を十分取り，いろいろな要素を加味して予測する必要がある。予測をする立場としては，中期予測はもっとも面白い反面むつかしいということがいえる。それは，短期であれば景気は需要サイドで決定されるので，需要項目だけをみればよく，逆に長期であれば人口など供給サイド中心に分析を行うが，中期はその中間ということもあり需要・供給両方をみなくてはならないからである。また，単にGDP成長率を予測すればよいというものではなく，日本経済が抱える構造問題についても展望しなくてはならない。以下では，2002年10月および2003年9月に筆者が責任者となって（財）国民経済研究協会より発表した「中期経済予測」の一部を編集し直して紹介することとしたい。なお，15章，16章で当協会とあるのは，（財）国民経済研究協会のことである。

1　予測作業のタイミング

中期経済予測は年度単位で予測値を発表するので，短期予測のようにQEの発表に合わせる必要はなく，基本的に時期の制約はない。しかし，主たるユーザーである企業の利用目的が自社の中期経営計画策定の参考資料であり，中期経営計画が主に秋に発表されることを考慮すると，9月くらいまでに発表されることが望ましい。そこから逆算すれば，5月に発表される1〜3月期のQEを受けて短期経済予測を行い，6月あたりから作業にかかるというのが，筆者がもっとも多く経験したパターンである。

2　変容する中期経済循環

(1) 企業

中期的な経済循環に関する考え方としてもっとも有名なジュグラー・サイクルは，設備投資が5〜10年のサイクルで上昇，下降局面を繰り返すことに着目した考え方である。需要項目別に見る限り，設備投資が中期的な景気

循環の主要な要因であることは今も変わりがない。設備投資があるサイクルで変動するという考え方はいわゆる資本ストック調整からきている。設備は時間の経過とともに陳腐化し、いずれは更新投資が行われる。とすれば、設備投資の盛り上がりのタイミングもある周期で顕在化するというものである。更新投資のタイミングを推定する1つのシグナルとして資本ストックのvintage（資本年齢）がある。よく、乗用車の買い替え需要を平均利用年数をもとに推測するが、考え方はそれと同様である。図15-1には、70年以降の資本ストックのvintageが示されているが、直近（2002年4～6月期）の資本ストックvintageは7.2年であり、過去最高である7.5年に近づいている。つまり、設備の老朽化が進んでいるわけであり、更新投資の圧力が高まっていると推測される。しかし、更新投資の顕在化を阻む要因も少なくない。1つは、過剰設備の存在である。もう一度、図15-1をみると、本来なら（循環的には）vintageが上昇すべき80年代後半～90年代初頭にかけてvintageが低下していることがわかる。これが、バブル、つまり必要以上の資本ストックが蓄積したプロセスである。したがって、今後過剰設備を削減していくプロセスでは、設備の滅却はしても更新は行わないことが多くなり、結果としてvintageが高止まり、ないし緩慢にしか低下しないことが予想される。

　2つ目は、空洞化の要因である。図15-2には、リカーシブ・リグレッションを用いて計測した投資関数による設備投資決定要因の推移が示されている。それによれば、景気要因（GDP成長率）が安定的であるのに対し、ストック調整要因は99年まではコンスタントな影響を与えているが、2000年以降急速に影響力が低下している。その要因として更新投資を行う場合は国内ではなく中国などアジアで行うという企業の投資行動が考えられる。今後、空洞化が進んだ場合、国内投資が抑制され中期循環の上昇局面が鈍化することが予想される。

　3つめは、バランスシート調整の問題である。バブルの崩壊とその後の不良債権問題発生は別名バランスシート不況とも言われるように、バランスシートの悪化が実体経済に悪影響を与えた結果である。このように、バラン

図15-1 製造業の資本ストックのvintage

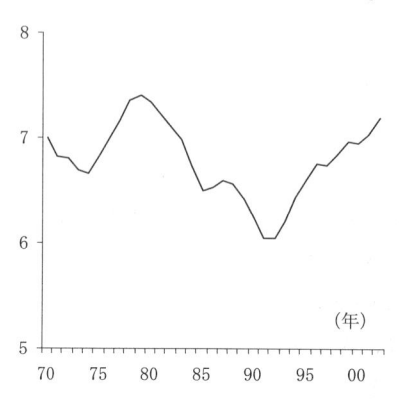

注：1970年末の平均資本ストックvintageを7年として、内閣府『資本ストック統計』などにより推計。

図15-2 設備投資の決定要因
（投資関数の推計結果）

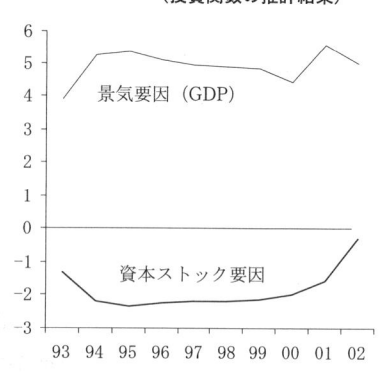

注：数値はいずれも弾性値。符号条件はGDPがプラス、資本ストックがマイナス。

スシートが肥大化するにつれ，それが実体経済に与える影響が大きくなっており，不良債権問題が解決しなくては景気の本格回復は見込めない，いいかえると，企業セクターのバランスシート改善が日本経済再生に不可欠な条件であるということである。不良債権問題は銀行側の問題としてとらえられることが多いが，ここでは，債務者側からバランスシートの状況をみてみたい。図15-3には全産業ベースの総負債残高が示されている。それによれば，総負債は70年代以降右肩上がりで増加を続け，80年代後半以降そのペースが加速した。しかし，95年以降はほぼ横ばいである。これは，企業が債務返済を進めた結果であり，いわゆる過剰債務は是正の方向に向かっている。その結果，フローの経常利益との比率は低下傾向にある（図15-4）。では，債務返済はピークアウトしたのかというと，必ずしもそうではない。図15-4には，もう1つ総負債の対売上高比率（全産業ベース）を示してある。それによれば，同比率は92年以降，あるレンジで循環的に変動しており，低下トレンドには移行していない。この2つの比率の異なる動きを説明するカギがデフレである。デフレは売上高の伸び悩みをもたらす。しかし，一方でコスト削減も促進するため，経常利益への影響は緩和される。このこ

図 15-3　総負債残高の推移　　　　図 15-4　総負債と売上・経常利益

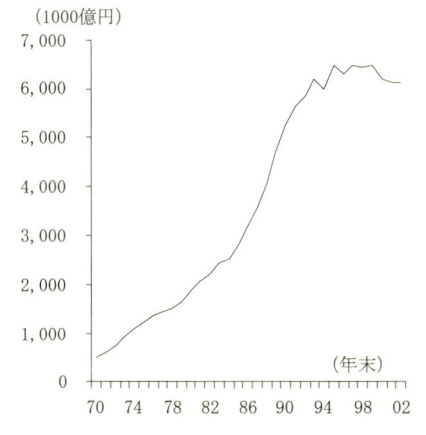

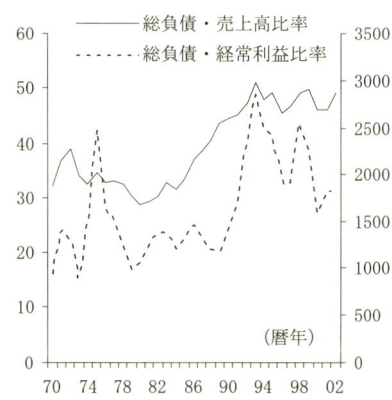

出所：財務省『法人企業統計』。

注：単位は％。
出所：財務省『法人企業統計』。

とが，90年代後半以降対経常利益比率が低下しても対売上高比率が低下しない要因となっている。したがって，設備投資本格回復の条件としての企業のバランスシート回復には，デフレからの脱却が必要であるが，それにはまだ時間がかかるということである。本予測では各物価指数がプラスに転じるのは2005年度と予測している。

(2)　家計

　家計の消費行動（個人消費）の源泉は可処分所得であり，可処分所得のうち消費に回らなかった分は貯蓄としてカウントされる。ところが，この「貯蓄」のなかには，金融資産への投資など文字通りの前向きな貯蓄もあれば，過去の債務（たとえば，住宅ローン）返済のための支出も含まれる。したがって，マクロレベルの個人消費の動向を把握するには，可処分所得だけでなく，消費の裏側にある貯蓄行動にも目を配る必要がある。

　図15-5は，家計の消費性向および貯蓄の主要な要因である金融資産純増と住宅ローン返済の対可処分所得比の推移をみたものである。これによる

と，金融資産純増および住宅ローン返済の増加が消費性向を引き下げていることがみてとれる。つまり，資産，負債というバランスシート要因が消費行動に大きな影響を与えていることが想像できる。そこで，近年の消費行動をより詳細に分析すべく，これらの要因を加味した消費関数の推計を行った結果が図15-6である。それによると，90年代以降，可処分所得要因と金融資産純増要因はほぼ安定した動きとなっているのに対し，クレジット要因（プラス要因）が弱まり，住宅ローン要因（マイナス要因）が強まっているのがみてとれる。これらは，いずれも貯蓄率を引き上げ，消費性向を引き下げる要因となる。特に，住宅ローン返済は可処分所得が伸び悩むなかで個人消費の圧迫要因となっている。では，なぜ，住宅ローン返済が重くなってきているのか，いいかえると，景気が低迷するなかで住宅投資が底堅く推移しているのか。これには大きく2つの要因が考えられる。1つは，低金利政策である。住宅ローン金利はバブル期をピークに低下傾向をたどっており，特に，90年代前半は住宅投資の大きな刺激要因となった。その後，90年代後半にかけて住宅投資を促進する要因となったと考えられるのが住宅投資減税である。住宅投資減税は，90年代に入ってから3回ほど行われ，そのた

図15-5　貯蓄の増減要因

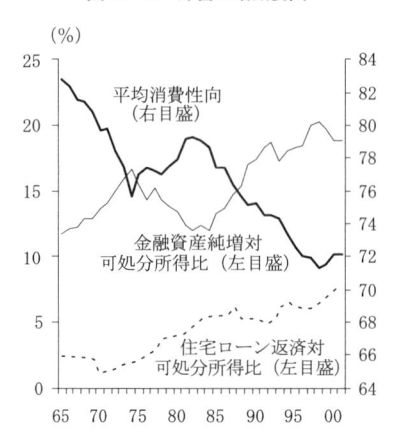

出所：総務省『家計調査年報』。

図15-6　消費関数の推計結果

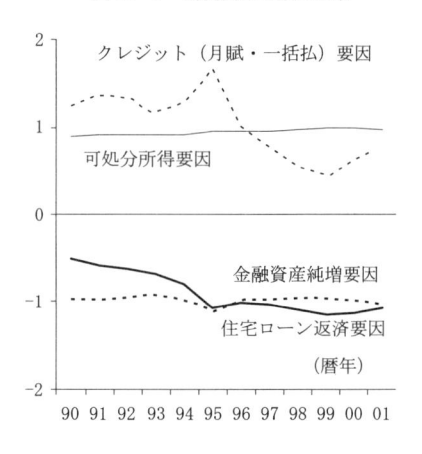

出所：当協会試算による。

びに控除額が拡大した（図15-7）。このうち，93年度と97年度の2回は住宅ローン残高に対する控除の比率が引き上げられ，99年度は控除期間が6年から15年に延長された。その結果，99年度に住宅を購入した世帯の控除額は211万円に達した。住宅ローンを組んだ世帯の平均的な負債額が約2,000万円であるので，10％は控除されることになる。そもそも，借地借家法の影響などにより，ファミリー層をターゲットにした賃貸住宅が十分供給されていなかったことに加え，このような持家優遇税制が強化されたことから，無理してマンションや一戸建てなどの持家系住宅を購入する世帯が増えたと推測される。

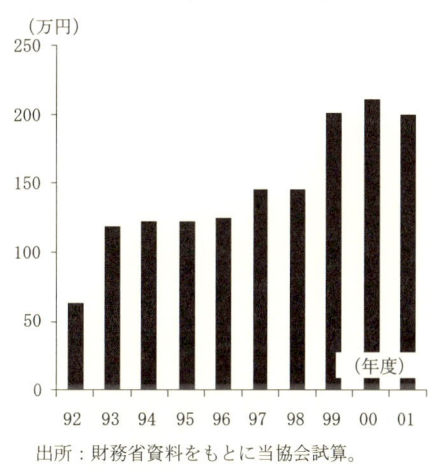

図15-7　住宅ローンの控除額
出所：財務省資料をもとに当協会試算。

ひとたび，住宅投資が行われると，家具や家電製品などの耐久消費財需要が創出されるため，住宅投資は波及効果が大きいとして減税を含む住宅政策がしばしば景気対策の目玉にされてきた。たしかに，短期的にはそのような波及効果により住宅投資の個人消費への波及効果は観察されるであろうが，中長期的には先述のように個人消費を圧迫する要因として作用する。したがって，デフレからの脱却にめどがつくまでは，所得の伸び悩み→ローン負担の高まり→消費性向抑制という構図が続こう。

では，このように個人消費の循環パターンが変化した場合，景気循環との関連はどうなるのだろうか。従来は不況局面になると消費性向が上昇し，個人消費の下支え要因となること（いわゆるラチェット効果）が指摘されてきたが，このようにバランスシートの影響が大きくなってくると，不況期にはローン返済や将来不安の高まりから消費性向が低下し，貯蓄率が上昇する可能性が出てくる。このことは，景気循環の振幅を大きくする要因として作用すると考えられる。

3 日本経済が抱える構造問題解決の時間軸展望

(1) 家計のバランスシート調整
① 負債整理：住宅ローン返済

　前節の内容とも重複するが，家計の住宅ローン返済負担が年々重くなっている。家計の可処分所得に占める住宅ローン返済の比率は勤労者世帯全体で9.4％，住宅ローンを抱える世帯に限れば19.5％まで上昇している（2002年，図15-8）。住宅ローン返済は，消費性向の低下を通じて個人消費の圧迫要因となるが，一方では悪化したバランスシートを改善するものであり，より長い目で見れば個人消費回復のエネルギーを蓄積しているとみることができる。では，このような負債整理はあと何年続くのか。図15-9には，家計の住宅ローン残高および公的住宅ローン（＝住宅金融公庫からの借入）と民間住宅ローンの純増（減）の推移が示されている。それによれば，2002年度は公的金融の純減が民間金融の純増を初めて上回り，その結果，住宅ローン残高が減少に転じた。これは，住宅ローン残高を減らすなかで，融資業務の廃止が決まっている住宅金融公庫から長期，低利の住宅ローンを提供し始め

図15-8　可処分所得に占める住宅ローン純減比率

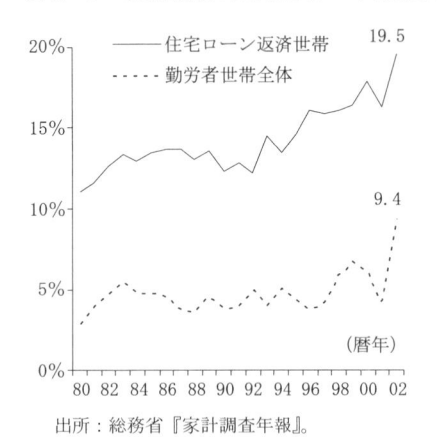

出所：総務省『家計調査年報』。

図15-9　住宅ローン残高

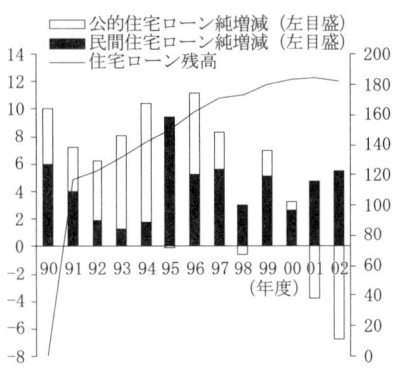

注：単位はいずれも兆円。
出所：日本銀行『金融経済統計年報』。

ている民間金融機関への借り換えが進んでいることを示している。しかし，これでも，住宅ローン残高の対年収比率は若干の鈍化にとどまっている。これは，デフレによって年収そのものが落ち込んでいるからである。

したがって，このような調整はデフレ脱却が展望できるようになるまで続くと考えられる。

② 将来への備え：予備的貯蓄

90年代以降所得，雇用などの悪化リスク増大に加え，財政赤字拡大による将来の増税予想台頭から，家計は将来への備えを厚くし始めている。いわゆる予備的動機による貯蓄の拡大である。予備的動機とは，将来の雇用や所得に不安がある場合にそれに備えるための貯蓄であり，その内容は当然ながら元本保証の預貯金など安全資産志向となる。図15-10には，予備的貯蓄のバロメータである2つの指標，すなわち，家計の金融資産全体に占める現預金の比率および預金全体に占める流動性預金比率が示されているが，いずれの比率も90年代以降上昇基調にあることがわかる。これは単に安全志向というだけでなく，流動性をも重視しているということであり，銀行の貸出行動にも影響を与えることになる。つまり，預金は銀行にとって最大の資金調達手段であり，貸出の原資となる。預金の満期期間が短くなるということは，銀行にとっては期間リスクをとりづらくなる（＝長期の貸出が困難となる）ことを意味する。

では，このような予備的貯蓄を積み増す動きはいつまで続くのか。2つの異なるアプローチによって検討してみたい。1つはtarget wealth（目標資産）仮説という考え方である。図15-11には，家計の金融資産残高（対雇用者所得比率）の推移が示されている。それによると，現預金を積み増しているにもかかわらず同比率は横ばい傾向にある。これは，現預金以外の金融資産，特に株式が株価低迷のあおりで減少しているため金融資産全体が伸び悩んでいることによる。要するに，家計はポートフォリオを見直しつつ目減りした金融資産を穴埋めしているのである。

もう1つのアプローチは，所得・雇用リスクがいつ低下するかである。企業は，退職者の補充を正規雇用ではなく，パートやアルバイトなどの非正規

図15-10　予備的貯蓄の推移　　　　図15-11　金融資産対所得倍率

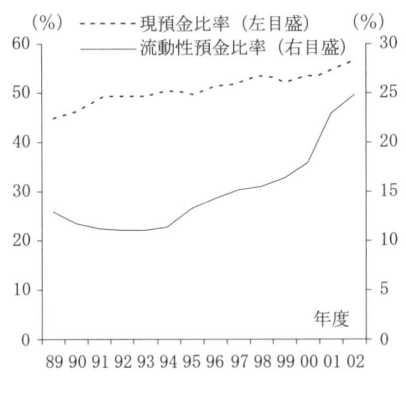

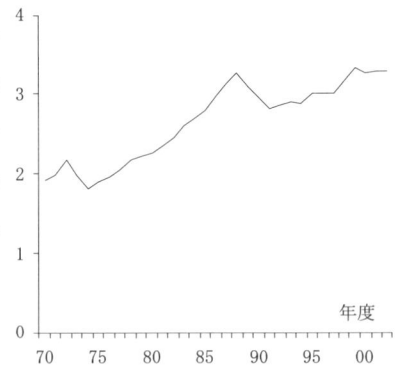

注：現預金比率＝現預金／金融資産。
　　流動性預金比率＝流動性預金／預金合計。
出所：日本銀行『金融経済統計月報』。

注：家計の金融資産残高／雇用者所得（68SNAベース）。
出所：日本銀行『金融経済統計月報』，内閣府『国民経済計算年報』。

雇用に依存している。そのしわ寄せが就職の機会を奪われた若年失業者の増加というかたちで現われている。ところが，このような雇用調整も先がみえつつある。図15-12には，97年調査と2002年調査の総務省「就業構造基本調査」による雇用者の年齢別構成（一般常用雇用の正規の職員・従業員）の変化が示されているが，それによれば，この5年間で50歳～59歳（いわゆる団塊の世代）の比率が上昇し，25歳未満の比率が低下している。これは，年功序列賃金の下ではもっとも人件費が高い層の比率が上昇していることを意味しており，若年層の就業機会がその分抑制されているとみることができる。

図15-12　正規雇用者の年齢別構成比

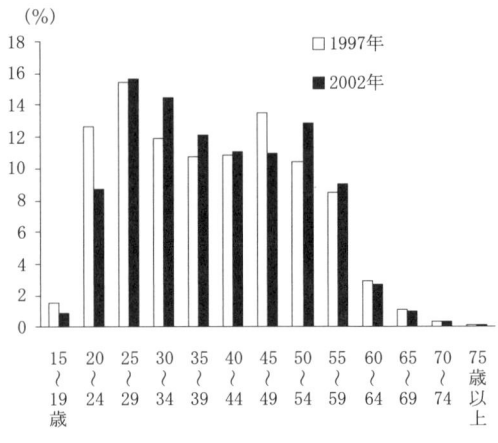

出所：総務省『就業構造基本調査』。

しかし，いいかえると，この年齢層は今後定年退職により逐次労働市場から退出するわけで，若年層の雇用機会はその分増えることが予想され，中期的に雇用リスクは低下すると考えられる。

以上，金融資産と雇用の面から予備的貯蓄の動向について分析を行ったが，これに財政赤字による増税懸念や年金などの社会保障への不安を加えれば，家計の予備的貯蓄は予測期間中は続くと考えられる。

(2) 企業の設備・負債調整
① 設備調整の時間軸

99年2月のゼロ金利政策開始以降歴史的な超低金利が続いているにもかかわらず，設備投資の本格回復がみられない。いくつかの理由が考えられるが，第一の理由は，金利を上回る収益が期待できないことである。図15-13には，実質金利と企業の予想成長率が示されているが，名目金利はゼロ近傍でもデフレが継続しているため実質金利は高止まりしており，90年代以降設備投資をしても実質金利を上回る収益が期待できない状況が続いている。第二の理由は，依然として過剰設備を抱えていることである。日銀「短観」の生産営業用設備判断DIによれば，92年4～6月期以降日本の産業は過剰設備を抱えていることになる。しかし，設備投資が回復するには過剰設備がすべて解消する必要はない。というのは，前節で述べたように日本の資本ストックのvintage（設備年齢）は上昇傾向にあり，老朽化が進んでいると考えられるからである。老朽化して稼働していない設備は，バランスシート上は固定資産でも実質的な価値はゼロに等しく，そのような設備まで過剰設備とカウントすることは「過剰設備の過大評価」になってしまう。ここでは，このような老朽化による質の低下（資本減耗）を考慮した資本ストックのレベル（修正資本ストック）を計算し，内閣府が発表している資本ストックデータと比べてみた（図15-14）。すると，70年代後半のオイルショック期を除いては90年まで両者に大きな乖離はみられないが，90年代に入って修正資本ストックの伸びが明らかに鈍化し，大きく乖離していることがわかる。この乖離が老朽化による資本ストックの質の低下ということになる。ま

図 15-13　予想成長率と実質金利

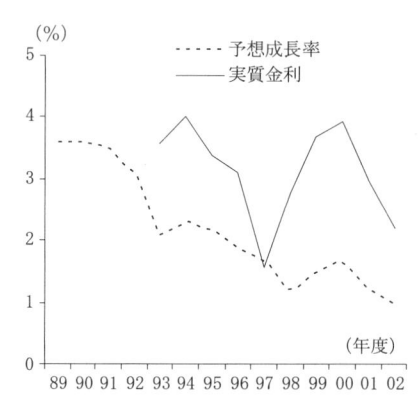

図 15-14　資本ストックと資本係数

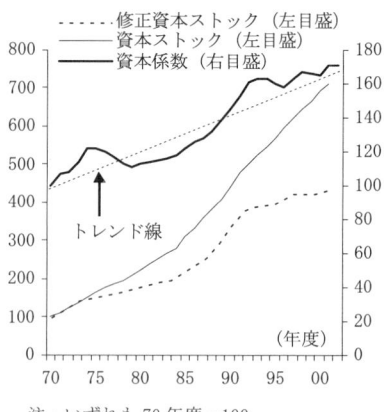

注：実質金利＝貸出約定金利(新規)－GDP
デフレータ伸び率。
出所：内閣府，日本銀行。

注：いずれも 70 年度＝100。
出所：内閣府，日本銀行。

た，図 15-14 にはこの修正資本ストックのデータを用いて計算した資本係数も合わせて掲載してあるが，過剰設備（資本係数のトレンドを上回る部分）はほぼ解消に向かっていることがわかる。

　これらのデータを総合すると，ストック調整の面からは，いつ更新投資が顕在化しても不思議ではなく，あとは期待（予想）成長率の低下に歯止めがかかりさえすればよいということになる。予想収益率は総資本営業利益率（ないし経常利益率）に大きく依存する。したがって，デフレの解消にメドが立ち，売上の伸びが期待できるようになることが設備投資回復の条件ということになる。なお，その際にボトルネックとなる可能性があるのが金融機関の貸出であるが，フリーキャッシュフローが潤沢に蓄積されているので，大きな問題とはならないであろう。次項では，過剰設備と表裏一体の関係にある過剰負債について検討する。

② **負債整理**

　企業はリストラによって捻出した利益を負債整理に当てている。図 15-15 には，企業の負債整理状況（社債と長期借入金の前年比増減）と売上高有利子負債比率が示されているが，企業は 90 年代後半以降負債整理を進め

てきた結果，ようやく売上高有利子負債比率が低下し始めたことがわかる。デフレ下での負債整理は決して楽なことではない。図15-16には，過去3年間のペースで負債整理を進めた場合の同比率が3つのケース（売上高が横ばい，年平均2％増，年平均2％減）に分けて示されているが，1つの目安となる20％を切るのは，売上高横ばいケースで2008年，2％増ケースで2006年となり，2％減ケースでは2011年とかなり遅れることとなる。以上から，負債整理にめどが立つのは，2006～2007年あたりとなろう。

図15-15 負債整理と財務状況

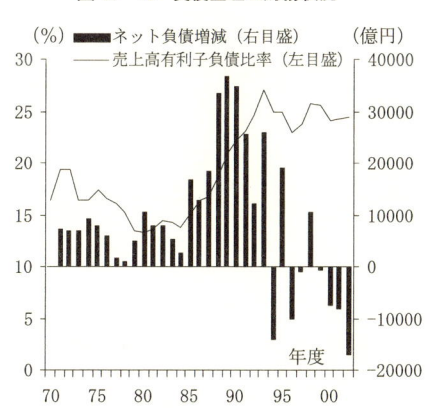

図15-16 売上高有利子負債比率の見通し

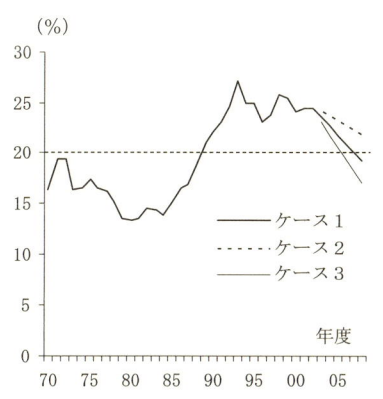

注：ネット負債増減：法人企業の社債と長期借入金の前年比増減。
出所：財務省『法人企業統計季報』。

注：ケース1は売上高横ばい，ケース2は年平均2％増，ケース3は年平均2％減で試算。

4　日本経済の中期見通し

(1)　大まかな景気パターンについて

　中期的な景気循環を考えるとき，オーソドックスな考え方はジュグラー・サイクル（設備投資循環）である。バブル崩壊後は，過剰設備削減のため，設備投資は抑制基調で推移し，ジュグラー・サイクルの下降局面を経験することとなった。その間，労働分配率が上昇し，個人消費が景気を下支えした。図15-17には設備投資伸び率と労働分配率の組み合わせが示されてい

るが，バブル崩壊後右下方へシフトしていることがわかる。しかし，名目上はともかく少なくとも vintage を考慮した資本ストックはかなり調整が進んでおり，更新投資を中心とする設備投資の潜在的なエネルギーは蓄積されてきている。すでに，フローの設備投資はキャッシュフロー以下まで絞り込まれており（図 15-18），これ以上継続的に投資水準が低下する可能性は低い。以上から，中期的にみて設備投資は底堅い動きが予想され，景気の牽引役となることが期待される。しかし，本格的な拡大局面に入るには，期待収益率が金利を上回ることが求められる。それには，デフレが止まることが不可欠であり，それにはまだ時間がかかるとみねばなるまい。

内需のもう1つの柱である個人消費はどうか。設備投資が拡大するということは，労働から資本へと要素代替が進むということである。したがって，図 15-17 上で右下から左上への動きがみられると予想される。ということは，個人消費にとっては下押し圧力が働くこととなる。雇用のミスマッチによる摩擦的失業も増加が予想されることから，個人消費は景気の牽引役としては力不足となろう。

図 15-17　労働分配率と設備投資

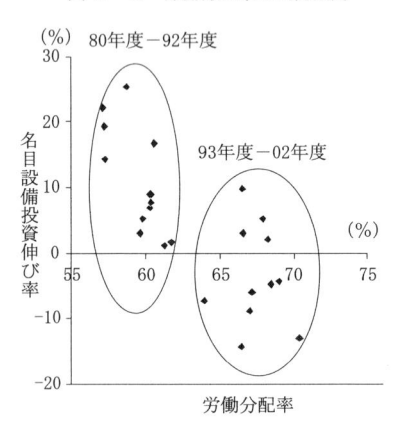

出所：財務省『法人企業統計季報』。

図 15-18　キャッシュフローと設備投資

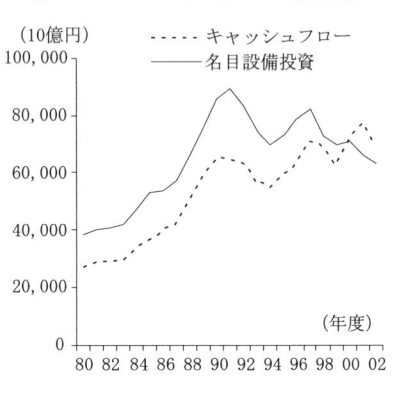

注1：キャッシュフロー＝経常利益＋減価償却費。
注2：名目設備投資は 68SNA ベース。
出所：財務省，内閣府。

外需については、アジアを生産拠点ではなく、消費市場として見直す動きが広がることが予想されるため、堅調に推移しよう。したがって、今回の予測期間では、設備投資と輸出が引っ張るかたちで緩やかに回復するとみられる。2002～2007年度の実質GDP成長率（年平均）は2.2％と予測する。

(2) 日本経済の中期見通し
① 個人消費

所得・雇用環境は当面厳しい状況が続く。企業にとって固定費としての人件費負担を示す労働分配率はデフレ下で高水準にあり、企業収益の圧迫要因となっている。企業にとって労働分配率の引き下げが中期的な経営課題となるわけで、収益が改善しても人件費は抑制することとなろう。史上最悪を更新し続けている完全失業率も予測期間中劇的な低下は期待できない。不良債権処理は、清算型はもとより再建型の場合でも厳しいリストラをともなうため、失業率（構造的要因）の上昇圧力となる。また、長引く景気低迷で就職をあきらめた人（ディスカレッジド・ワーカー）が増加しているが、景気が回復に向かうとこれらのディスカレッジド・ワーカーが就職活動を再開するため、失業率は容易に低下しない。よって、完全失業率は2006年度まで5％台で推移しよう（図15-19）。消費性向は長期的には高齢化によって上昇傾向をたどると予想されるが、中期的には一進一退となろう。所得の伸び悩みから消費性向が上昇するいわゆるラチェット効果も予想されるが、一方で、すでにみたように住宅ローン負担が家計に重くのしかかっており、消費性向の低下要因となろう。

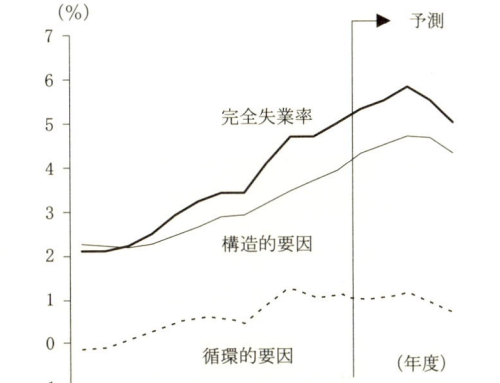

図15-19 完全失業率の要因分解

出所：UV分析により当協会試算。

なお，2006年度の家計最終消費支出および消費性向が急上昇しているのは消費税率の引き上げ（5％→10％）を想定しているためである。

② 設備投資

資本ストックの vintage（資本年齢）は上昇しており，本来なら更新投資の潜在的圧力が高まっている。しかし，中期的にみて，過剰設備削減，空洞化，2005年度決算より固定資産への減損会計導入など設備投資を抑制する要因が強い。

名目ベースの設備投資は2004年度がボトムとなり，その後上昇波動へと転じることになろう（図15-20）。

図15-20　名目設備投資の見通し

出所：内閣府『国民経済計算年報』，当協会予測。

③ 為替レート・輸出入

円ドルレートは，2005年まで緩やかな円安傾向を予測している。日本の貿易黒字および経常黒字が高水準であることは円高要因となるが，今後不良債権処理が本格化し，そのデフレ圧力が高まれば，円安要因となる。本予測では不良債権処理のデフレ圧力がもっとも高まるのは2004年度とみており，それまでは円は弱含みで推移しよう（図15-21）。各年度の円ドル

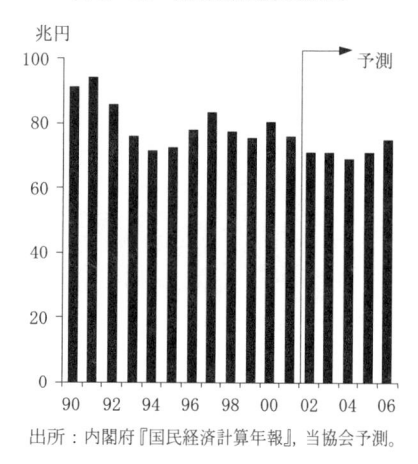

図15-21　円ドルレートの見通し

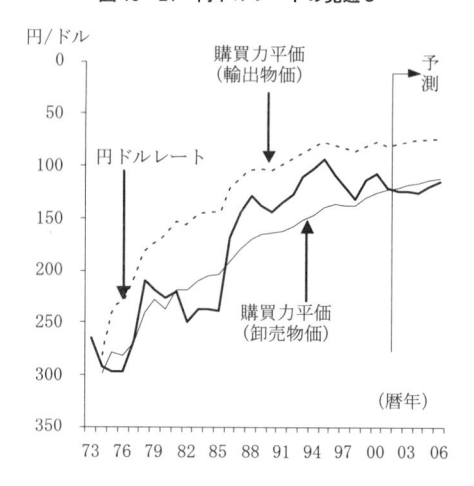

レートは，2002年度：120円，2003年度：127円，2004年度：125円，2005年度：120円，2006年度：115円と予測する。

貿易収支，経常収支とも循環変動を繰り返しつつ高水準の黒字が持続す

る。労働集約型製品を中心に海外移転（空洞化）が進み，輸出代替や逆輸入拡大が予想されるが，一方，WTO 加盟による関税率の引き下げなどから自動車，鉄鋼など資本集約型製品を中心に中国向け輸出が拡大する。対アジアトータルでは，輸出入両建てで拡大する。対米貿易も円安が追い風となり圧倒的競争力を有する自動車を中心に輸出が堅調に推移するため，黒字が高止まりする。サービス収支の赤字は拡大するが，投資収益を含めた経常収支トータルの黒字は対名目 GDP 比で 2 ％台後半が続く（表 15 - 1）。

表 15 - 1　経常収支の見通し

単位：10 億円

項目＼年度	2001	2002	2003	2004	2005	2006
経常収支（対名目 GDP 比％）	11,913 (2.4)	13,960 (2.8)	12,877 (2.6)	12,604 (2.6)	13,343 (2.7)	13,541 (2.6)
財サービス収支	3,857	5,978	5,764	4,031	4,407	4,204
貿易収支	8,992	10,924	10,128	9,593	10,349	10,693
サービス収支	▲ 5,135	▲ 4,946	▲ 5,462	▲ 5,562	▲ 5,942	▲ 6,489
投資収益収支	8,680	8,697	8,819	9,162	9,497	9,898
経常移転収支	▲ 620	▲ 706	▲ 600	▲ 580	▲ 550	▲ 550

出所：日本銀行『国際収支統計月報』。

(3)　サマリー

今回はサブ・タイトルとして「変容する中期経済循環」と題し，中期的な景気循環のパターンが変質する背景としてバランスシート調整が実体経済に与える影響が大きくなっている点に着目し，分析・予測を行った。まず，前提条件としての財政金融政策であるが，政府投資は継続的に削減される一方，消費税率が 2006 年度に引き上げられると想定した。金融政策は当面緩和基調が続き，政策金利である公定歩合の引き上げは 2005 年度とした。

中期的な景気循環の代表的な考え方であるジュグラー・サイクル（設備投資循環）にしたがえば 2000 年代前半は本来なら上昇局面を迎えることになる。しかし，企業では過剰債務，家計では住宅ローン負担の増大などバランスシート調整が中期的な課題となる上，不良債権処理の本格化が予想される

ことから，2004年度まで国内景気は停滞局面が続こう。不良債権処理の進展にともなってデフレが解消することが期待されるが，不良債権処理にともなうデフレギャップ縮小だけではデフレは解消しない。近年の物価下落の主要因は輸入浸透度の上昇であり，安い輸入品の流入が続くうちは劇的な変化は期待できない。本予測では，2005年度には物価は下げ止まるが，その後の上昇テンポは鈍いとみている。

予測期間中の実質GDP成長率は年平均で0.9％と予測する。2004年度までは，国内では不良債権処理を中心とした構造調整を進める一方，海外でも米国で同様にデフレギャップの縮小，家計のバランスシート調整などの課題を抱えており，0～1％の低成長にとどまる。2005年度以降ストック調整の済んだ設備投資を中心に景気は拡大局面に向かう。個別項目では，個人消費はバランスシート調整に加え，労働分配率引き下げによる所得・雇用環境の悪化などから年平均1.0％の伸びにとどまる。90年代後半超低金利や減税で押し上げられた住宅投資は年平均マイナス0.8％と調整局面を迎える。外需については，輸出は米国向けが伸び悩むもののアジア向けは中国を中心に堅調に推移しよう。輸入も輸入浸透度上昇が続くことから貿易は両建てで拡大することが予想される。その結果経常収支黒字は対GDP比2％台後半の高水準が続く。円ドルレートは2003年度まで円安基調で推移し，その後円高に転じる。

表15-2 実質GDP成長率の見通し

年度＼項目	個人消費	住宅投資	設備投資	政府投資	輸出	輸入	国内総支出
2001	1.1	▲ 8.0	▲ 4.8	▲ 6.6	▲ 8.3	▲ 4.2	▲ 1.9
2002	0.6	▲ 0.4	▲ 4.6	▲ 8.5	9.5	5.8	0.2
2003	0.1	0.1	2.2	▲ 4.4	1.0	6.5	1.0
2004	0.5	▲ 2.5	▲ 1.0	▲ 2.5	1.7	2.4	▲ 0.0
2005	1.8	▲ 1.2	2.5	▲ 3.0	6.4	6.4	1.3
2006	2.2	0.0	4.0	▲ 3.0	7.4	7.9	2.0
01-06	1.0	▲ 0.8	0.6	▲ 4.3	5.1	5.8	0.9

注：2001年度まで実績値，2002年度以降予測値。

16章

長期経済予測の実践

《この章で学ぶこと》

いよいよラストスパートです。ここでは，予測期間が向こう10年以上という文字通り長期経済予測について，15章同様筆者が中心となって過去に発表したアウトプットを題材に学習します。10年先の日本経済がどうなっているかなど誰にもわかりません。そこで，人口など比較的予測が容易な指標をベースに大胆に将来をデザインしてみましょう。

長期経済予測は向こう 10〜20 年の経済見通しであるが，そのような長期間の予測は的中する確率も低く，また，検証の手立てもない。重要なのは，長期的視点から見たとき，検討すべき課題は何かを明らかにすることである。したがって，こう言っては不謹慎かもしれないが，予測者としてはあまりプレッシャーを感じることなく自由に将来の姿をデザインすることができる。以下では，15 章同様 2003 年 3 月に筆者が責任者となって（財）国民経済研究協会より発表した「長期経済予測：人口減少下の日本経済」の一部を紹介することとしたい。

1 人口減少と経済成長

足もとではデフレ，不良債権，財政赤字など暗い話題に蔽われている日本経済であるが，一方で中長期的視点からは，確実にやってくる少子高齢化，人口減少のもとでどのように経済を運営していくかが大きな課題となる。国立社会保障・人口問題研究所の将来人口推計（2002 年，中位推計）によれば，日本の人口は 2006 年（1 兆 2,771 億人）をピークに減少に転じ，2010 年には 1 兆 2,747 億人，2020 年には 1 兆 2,411 億人となり，2050 年には 1 兆 59 億人まで減少する。発展途上国から先進国になるにしたがって，人口増加率は鈍化する傾向にあるが，欧米の先進国において今後日本が歩むような人口減少および高齢化を経験した国はない。

人口増加と経済成長に関するもっともシンプルな考え方は，人口増加率によって経済成長率が決まるとする自然成長率という概念である。実際の経済成長は人口の伸びだけで決まるほど単純ではないが，たとえば，潜在成長力を推計する際には労働投入の伸び率が 1 つの決定要因となり，それは長期的には人口および人口構成に依存する。したがって，人口の動向と経済成長は依然として深く関わりあっている。図 16 - 1 は主要先進国の第二次大戦後の 5 年ごとの人口伸び率と実質 GDP 成長率との関係をプロットしたものであるが，これをみると，国によるばらつきもあるが，長期的には人口と経済成長が密接に相関していることがわかる。ドイツ，フランス，イギリスなどに

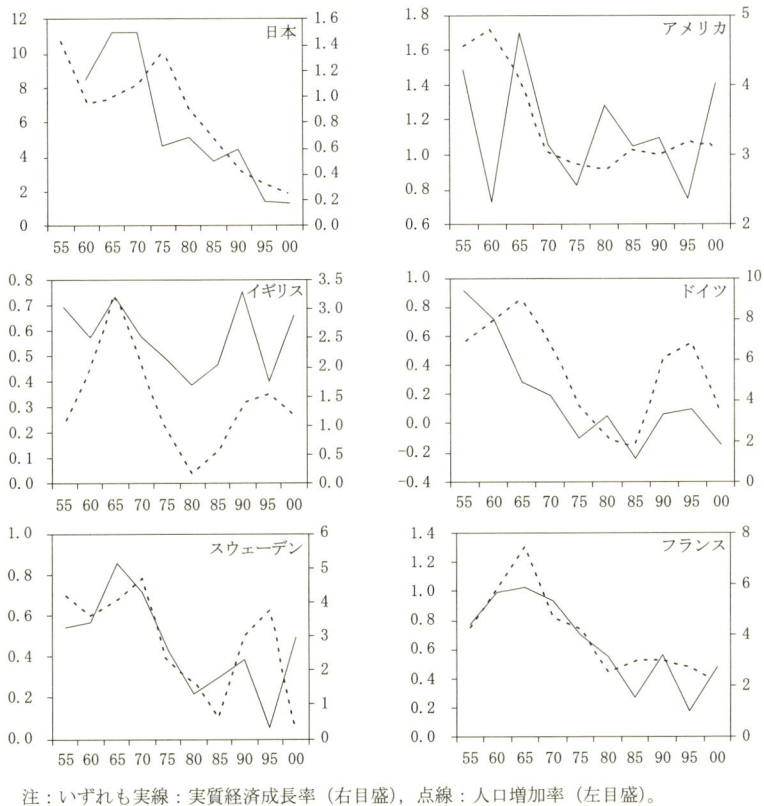

図16-1 主要先進国の実質GDP成長率と人口増加率（いずれも5年平均）

注：いずれも実線：実質経済成長率（右目盛），点線：人口増加率（左目盛）。

おいては，60年代半ばから80年代半ばにかけて，人口増加率の低下と経済成長の鈍化がほぼ同時並行で発生している。このことは，やや遅れて日本にもあてはまる。日本では，人口増加のピークは70年～75年であった。オイルショックがあったこともあり，経済成長のピークは60年代であったが，その後人口伸び率の低下と経済成長率の低下は軌を一にしている。したがって，このグラフを素直に読めば，90年代以降の低成長は人口が増えなくなったからといえなくもない。バブルの生成と崩壊，不良債権やデフレなどはそれを助長しているに過ぎないとさえ思わせるデータである。したがっ

て，長期的視点から今後の日本経済を考えるとき，経済・社会変数のなかでもっとも確実に予測可能と言われる人口が減少に向かうということをどうとらえるかが極めて重要になる。過去の相関関係を素直にあてはめれば，今後の日本経済の「自然成長率」はマイナスになってしまうのだから。

　内閣府 (2000)「人口減少下の経済に関する研究会」中間報告書によれば，今後進展する人口減少，高齢化によって労働力人口が10%程度減少した場合，就業者1人あたりGDPは3.6%増加するものの，トータルのGDPは15年間で6.7%減少し（年率では0.5%の減少），国民（就業者＋非就業者合計）1人あたりでは4.0%のマイナスになるという。これは，人口減少の影響のみをシミュレーションしたものなので，ややショッキングな結果となっているが，今後の日本が抱える課題を如実に表わしている。つまり，人口減少と高齢化がダブルで進行する結果，労働力人口が加速度的に減少し，就業者1人あたり生産（付加価値）が多少増えても，GDPトータルおよび国民1人あたりGDPは容易に増加しないのである。以下では，まず，国民経済研究協会のマクロモデルにより，人口および労働力人口減少のGDPへの影響を試算した上で，高齢者や女性の労働力率上昇によりどの程度成長率の低下が防げるかのシミュレーションを行なう。ただし，この方法で推計されるのは潜在成長力（供給サイドからみた達成可能な成長力）であるので，雇用者所得や企業収益など分配面，さらには個人消費や設備投資など需要面も合わせてチェックする。

2　日本の人口と潜在成長力

(1)　日本の人口見通し

　高齢社会の到来は，先進諸国において深刻な社会問題としてクローズアップされている。特に日本の高齢化の進展は，他先進諸国に比べそのスピードがきわめて速く，より深刻な問題として捉えられている。以下では，「日本の将来推計人口」を参考に，2020年までに予想される日本の人口推移を概観する。

図 16-2　総人口の推移

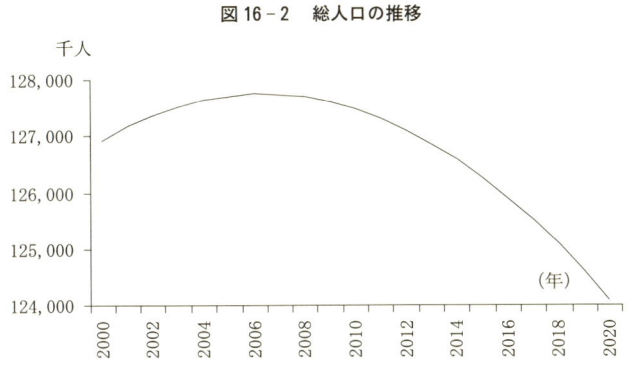

出所：国立社会保障・人口問題研究所『日本の将来推計人口』。

　図 16-2 は、「日本の将来推計人口」のうち中位推計による総人口の推移を示したものであるが、今後しばらく人口は緩やかに増加するが、2006 年にピークを迎えると、その後は速いペースで減少する。過去に行われた同様の調査をみると、人口がピークを迎えるのは、2011 年（1992 年 9 月調査）→2007 年（1997 年 1 月調査）→2006 年（2002 年 1 月調査）と 5 年毎の調査の度にその時期を早めており、常に予想より速いペースで人口減少が進んでいる。こうした背景には、出生率の低下が指摘できる。晩婚化や未婚化を主な要因として、合計特殊出生率（＝女性が年齢別出生率にしたがい出生課程を過ごした場合に生むと想定される生涯の平均出生児数）は、1973 年以降低下傾向にある。前回調査（1997 年 1 月調査）では、合計特殊出生率が調査時点での実績値 1.42（95 年の値）から、2020 年には 1.59 まで改善するとの仮定のもとで推計された。ところが、95 年以降も合計特殊出生率は予想以上の低下を続けたことから、今回（2002 年 1 月調査）の推計では出生率の仮定を大きく見直し、2020 年の合計特殊出生率は 1.38 と、前回調査に比べて 0.21 ポイントも下方修正した。このように、実勢に合わせて出生率の想定を見直したことが、将来人口の下方修正につながっている。

　人口の将来推計には、出生率のほかに生存率なども仮定して行なわれる。前回調査では 2020 年の平均寿命は男性が 78.61、女性が 85.62 であったが、今回調査では男性が 79.43、女性が 87.05 と男女とも 1〜2 年程引き上げら

図16-3　65歳以上人口比率

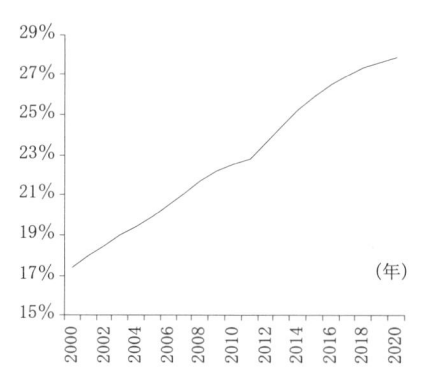

図16-4　労働力率（2001年）

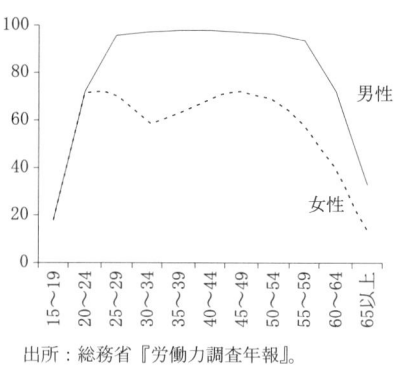

出所：図16-2と同じ。

出所：総務省『労働力調査年報』。

れた。出生率の下方修正と生存率の上方修正が同時に行なわれたことから，高齢化がさらに進む予想となっている。高齢化の進展を表わす指標の一つである65歳以上人口が総人口に占める割合の推移を図16-3に示した。2000年は17.4％（実績値）であった65歳以上人口比率が，2020年には27.8％まで上昇し，今後20年間で急速に高齢化が進むことが見てとれる。高齢化の進展から，労働力不足が懸念される。日本の労働力率を男女に分けてみると（図16-4），労働市場への参加は主に20〜64歳にみられることから，20〜64歳人口を生産年齢人口として，その総人口比を図16-5に示した。少子高齢化の影響から，生産年齢人口比率は低下を続ける。これは，生産年齢人口の扶養負担の高まりを意味する。人口減少とともに，総労働力人口の不足が深刻な問題である。

(2) 人口減少と潜在成長力

速いペースで人口が減少するため，今後はいかにして労働力を確保し，労働者一人当りの扶養負担を軽減できるかが問題となる。また，生産年齢人口の減少は，潜在成長力の鈍化にもつながることから，労働力人口の推移は日本経済を展望するうえで重要な鍵となる。

将来の労働力人口を展望するため，労働力率を外生的に与え，国立社会保

図 16-5　生産年齢（14〜64歳）人口比率

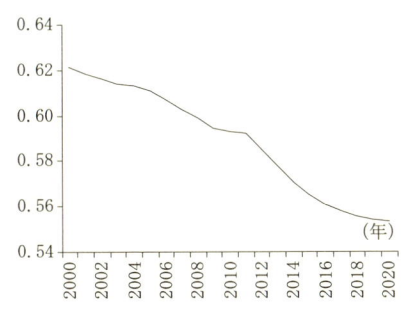

図 16-6　労働力人口の推移
（現状維持ケース）

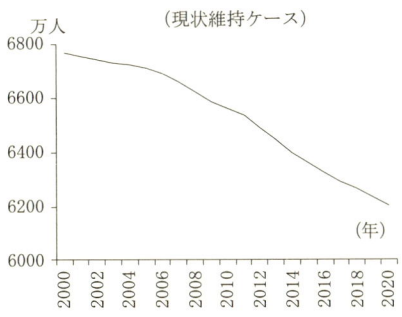

出所：図 16-2 と同じ。

出所：国立社会保障・人口問題研究所『日本の将来推計人口』。
総務省『労働力調査』。

障・人口問題研究所の「日本の将来推計人口」の男女別各年齢人口（中位推計）をもとに将来労働力人口を推計した。まず，基準となるケースとして2001年時点での年齢階級別労働力率が，男女ともに不変で推移するケースを「現状維持ケース」とすると，労働力人口は継続的に減少し，2020年には6,205万人となる（図 16-6）。2000年の6,766万人と比べ，561万人も労働力が減ることになる。また，その減少スピードをみると，2000〜2010年の0.3％減（年平均）から，2010〜2020年には0.5％減（同）へと減少スピードを加速させている。それに合わせ，潜在成長力も2010〜2020年に大幅に鈍化することが予想される。現状では過剰労働力を抱えているが，長期的にはいかに労働力を確保し，潜在成長力を下支えできるかが課題となってこよう。労働力人口の底上げにはまず，現在上昇傾向にある女性の社会進出を一段と促すことや，一般的には60歳とされる定年年齢を引き上げることなどが考えられる。以下，具体的に検討する。

① **女性労働力率上昇ケース**

日本では，結婚や出産を迎える30歳前後に雇用市場から一度退出する女性が多く，年齢階級別の女性労働力率はM字型を描くことが知られている（図 16-4 参照）。女性が結婚・出産を迎えるのは日本に限ったことではないのだが，こうした傾向は，他の先進諸国には見られない現象であり，日本女

性特有の傾向であると指摘できる（図16-7）。今後は，男女雇用機会均等法などを徹底させ，女性の就労意欲を喚起できるよう，より魅力的な労働環境を目指すことはもちろんのこと，育児休暇の推進や託児所の拡充，ワークシェアリングやIT技術を利用した在宅ワークなどを活用することで，乳幼児を持つ女性にも仕事と子育ての両立を可能とする環境を整えることなどを通じて，女性労働力率を高める必要がある。

　日本の女性労働力率のうち，M字の凹部分にあたる30歳台の労働力率の低下を阻止できた場合，アメリカ女性とほぼ同水準で同様な形の労働力率の推移を描けることがわかる。さらに，速いペースで減少する日本の人口減少を補うためには，スウェーデンのように女性の社会参加率の高い国と同率程度まで，女性労働力率を上昇させることも考えられる。そこで，2020年に日本の女性労働力率がアメリカ，スウェーデンと同率まで上昇する2ケースを想定し，労働力人口の推移をみた（図16-8）。女性労働力人口が減少基調にある現状維持ケースに比べ，アメリカ型ケースでは労働力人口はほぼ現在のレベルを維持できる。また，スウェーデン型ケースでは女性労働力人口は増加を続け，2020年には現状維持ケースと比較して543万人の増加が可能となる。

図16-7　女性労働力率（2001年）の国際比較　　図16-8　ケース別女性労働力人口の推移

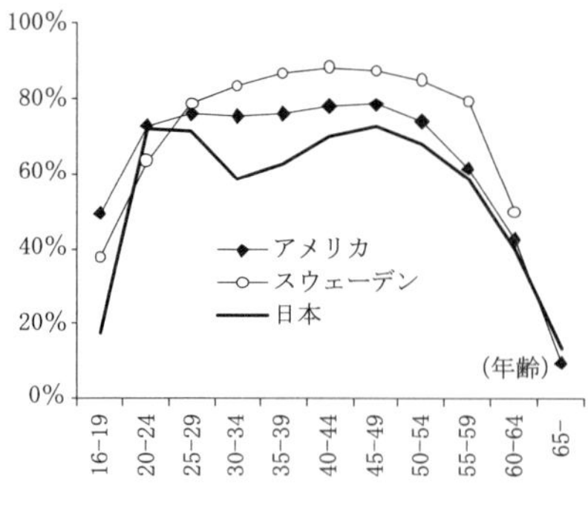

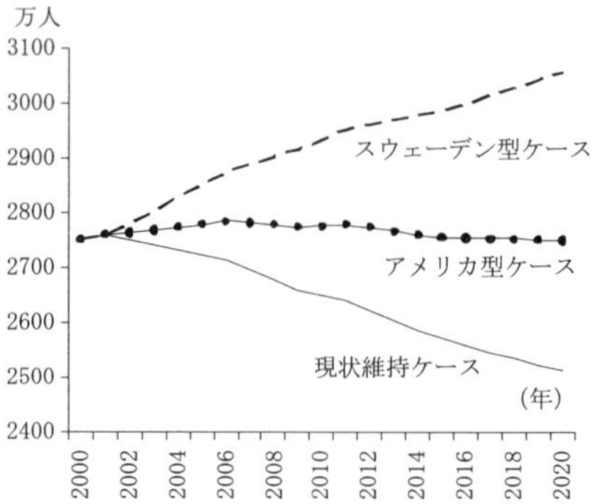

出所：総務省『労働力調査年報』，ILO "LABORSTA"。

② 定年引き上げケース

女性の社会進出の促進は労働力人口の底上げに大きく貢献するが，それだけでは深刻な労働力人口不足の完全な解決とはならない。というのも，女性労働力率をスウェーデンと同率まで上昇させるスウェーデン型ケースをみると，2000～2010年の総労働力人口は年平均0.1％増とプラスの伸びを実現するものの，2010～2020年にはマイナス0.1％と減少に転じてしまうからだ。そこで，労働力人口の底上げとして次に考えられるのが，定年年齢を引き上げ高齢層の労働力を活用することである。

一般的に60歳といわれる定年を65歳まで引き上げ，2020年の60～64歳労働力率が55～59歳労働力率（2001年実績値）と同率まで上昇し，65歳以上労働力率もこれに準じて上昇させる「定年引き上げケース」を想定した。なお，図16-4でも示したように女性は60歳定年に関係なく55歳以降より労働市場から退出する傾向があるため，このケースでは女性への定年延長による影響は考慮しないこととする。

図16-9に示されるように，定年の引き上げにより総労働力人口は大きく上方にシフトし，2020年には現状維持ケースに比べ213万人の増加が期待できる。

図16-9 総労働力人口の推移
（女性労働力率一定）

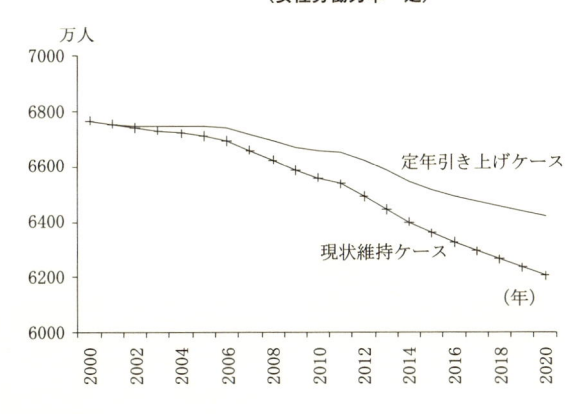

③ 各ケースの潜在成長力

一般に，長期的な実質国内総生産の規模は，資本投入量，労働投入量，全要素生産性などからコブ＝ダグラス型の生産関数を推計することで説明可能とされている。通常では，性別により労働の質が異なると想定されておらず，男女共通の労働分配パラメータが使われるのだが，実際には生産活動へ

の寄与は性別により異なるものと思われる。今後予想される労働力人口不足を，女性労働力率を高めることで実現しようと考える際には，性別による生産への寄与の差を明示的に組み込む必要がある。そこで，労働投入を男性と女性とに分け，性別により異なった限界生産力を持つと仮定して推計を行った。GDP規模に応じて設備投資額が変動し，資本ストック蓄積へ影響すると考えられることから，投資額がGDP規模に誘導され決定し，最終的には資本投入量を変化させるよう工夫した。

推計の結果，現状維持ケースは2000～2020年の潜在成長力は0.3％となる（表16-1）。プラス成長ではあるものの，労働力人口の減少スピードが加速する2010～2020年にはマイナス成長となる。女性の労働力率上昇を通じて労働力人口を底上げするアメリカ型ケースとスウェーデン型ケースでは，どちらもマイナス成長は免れるが低成長に止まる。

定年引き上げケースの推計結果をみると，先の女性労働力率の変化のみに着目した基本の3ケースに比べ，潜在成長力は高まるものの2000～2020年平均で1％台にも到達しない。さらなる労働力人口の確保などが求められるが，今後日本で予想される人口規模では，これらのケース以上に労働力人口を創出するのは困難である。そこで，潜在成長力を下支えするためには，外資系企業の誘致や，外国人労働者の受け入れを増やすことなどが必要となる。

表 16-1　潜在成長力の推移(1)

（女性労働力率上昇のみ考慮した基本ケース）

	現状維持ケース	スウェーデン型ケース	アメリカ型ケース
2000－2010 平均	0.7%	0.9%	0.8%
2010－2020 平均	－0.2%	0.2%	0.0%
2000－2020 平均	0.3%	0.5%	0.4%

（女性労働力率上昇＋定年引き上げケース）

	現状維持ケース	スウェーデン型ケース	アメリカ型ケース
2000－2010 平均	0.8%	1.0%	0.9%
2010－2020 平均	0.1%	0.4%	0.2%
2000－2020 平均	0.4%	0.7%	0.6%

注：現状維持は女性労働力率が現状のまま不変のケース。以下同様。

外資系企業（外資比率1／3超の企業が該当）による設備投資の割合は現在5.6％（2002年度）に止まるが，外資系企業の日本進出が進んだ場合，直接投資の流入拡大によりこの割合が上昇し，設備投資増を通じて資本蓄積が進むと期待できる。また，外資系企業の進出が国内企業への競争圧力を生み，生産性が上昇するとも考えられる。これまで，外資系企業の日本進出に起因した生産性向上の可能性や，生産性を押し上げるとしたらどの程度かなどについては，十分な分析が行われていないため見方がわかれる。そのため，外資導入が生産性を向上させる経路を加味せずに，外資導入により設備投資が増加し資本蓄積が積み上がる経路のみを考慮した推計を行った（表16－2）。外資系企業による設備投資を年平均5％増，10％増とする2ケースを推計した結果，どちらも潜在成長力を1％前後まで押し上げる。外資導入により資本蓄積が進んだことで，減少する労働力人口を資本が補うかたちで要素代替が実現することがわかる。

　外資導入による資本投入増のほか，外国人労働者の受け入れを通じて労働投入量を増加させるケースも推計した（表16－3）。2001年6月時点の日本の外国人労働者は22万人程度だが，2020年に800万人まで増加すると仮定してはじめて潜在成長率は2％まで上昇する（ただし，外資系企業による設備投資が年平均10％増，女性労働力率はスウェーデン型まで上昇する場合）。

　女性の社会進出を高め，定年延長により労働力人口の底上げを計るのはも

表16－2　潜在成長力の推移(2)

（女性労働力率引き上げ＋定年引き上げケース＋外資導入（年平均5％増））

	現状維持ケース	スウェーデン型ケース	アメリカ型ケース
2000－2010 平均	1.3％	1.5％	1.4％
2010－2020 平均	0.4％	0.7％	0.6％
2000－2020 平均	0.8％	1.1％	1.0％

（女性労働力率引き上げ＋定年引き上げケース＋外資導入（年平均10％増））

	現状維持ケース	スウェーデン型ケース	アメリカ型ケース
2000－2010 平均	1.4％	1.6％	1.5％
2010－2020 平均	0.9％	1.2％	1.1％
2000－2020 平均	1.1％	1.4％	1.3％

表 16-3 潜在成長力の推移 (3)

（女性労働力率引き上げ＋定年引き上げケース＋外資導入（年平均 5％増）＋外国人労働力受け入れ（2020 年に 800 万人）

	現状維持ケース	スウェーデン型ケース	アメリカ型ケース
2000－2010 平均	1.8%	2.0%	1.9%
2010－2020 平均	1.1%	1.4%	1.2%
2000－2020 平均	1.4%	1.7%	1.6%

（女性労働力率引き上げ＋定年引き上げケース＋外資導入（年平均 10％増）＋外国人労働力受け入れ（2020 年に 800 万人）

	現状維持ケース	スウェーデン型ケース	アメリカ型ケース
2000－2010 平均	1.9%	2.1%	2.0%
2010－2020 平均	1.5%	1.8%	1.7%
2000－2020 平均	1.7%	2.0%	1.8%

ちろんのこと，それだけでは潜在成長力の下支えとして充分に機能しないことから，外資系企業の誘致を通じた資本蓄積の上昇や，外国人労働者の受け入れを進め，労働力人口を確保することが政策課題の1つとして浮上する。なお，推計には外資系企業の日本進出にともなう生産性の上昇や，外国人労働者増による雇用市場の活性化を通じ，労働生産性が上昇する可能性などは考慮されていないため，実際には推計結果以上の効果をあげることも期待できよう。

今回の長期予測では，疲弊し切った国内経済を立て直し，産業の活力を取り戻し，かつ確実に予想される人口減少による潜在成長力低下を抑止するために，外資および外国人労働力（移民）の受け入れが不可避であると判断し，表 16-3 のアメリカ型ケース（外資による対内投資年平均 5％増）をベンチマークとする。その場合，潜在成長力は 2000～2010 年：1.9％，2010～2020 年：1.2％となる。

3　日本経済の長期見通し

(1)　個人消費の見通し

個人消費は可処分所得と消費性向によって決まる。可処分所得はおおむね

GDP と同時決定であるので，長期的には設備投資や輸出，政府投資など景気を牽引する他の項目に依存する。消費性向は短期的には消費者のマインドによって決まるが，中長期的には人口構成を中心とする構造的な要因に支配される。今後，高齢化の進展で本来なら消費性向が上昇すべきところだが，現実には低下傾向にある。したがって，今後の個人消費を考える上で重要なポイントとして ① 高齢化が消費性向上昇につながるか，② 移民受け入れで国民負担率（租税，年金，健康保険）がどう変化するか，などを挙げることができる。

① 高齢化と消費性向

図 16-10 には，1980 年以降の 65 歳以上人口比率と消費性向の推移が示されているが，高齢化が進めば進むほど消費性向が低下している。相対的に高齢者の方が消費性向が高いという関係は変わっていないので，この事実は高齢化が進む以上に各年代において消費性向が低下していることを意味する。そこで，年代別に消費性向の推移をみたのが図 16-11 である。これをみると，どの年代においても消費性向が低下しているが，特に，20 代～40 代という相対的に若い年代において顕著にみられる。これは，この世代が将来不安を強く感じていること，住宅ローン負担の増大などデフレによる債務

図 16-10 65 歳以上人口比率と消費性向

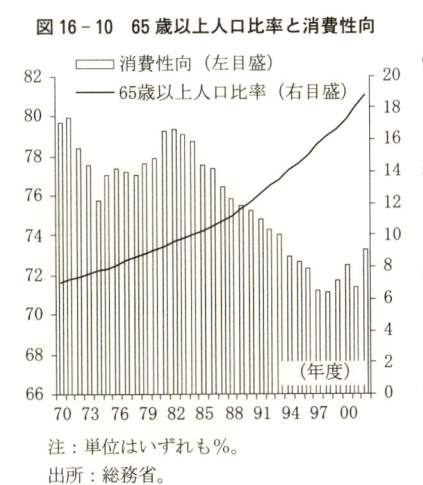

注：単位はいずれも%。
出所：総務省。

図 16-11 年齢階級別消費性向の推移

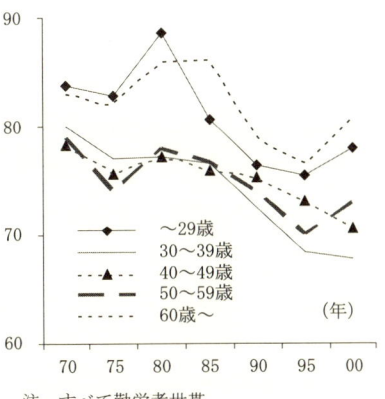

注：すべて勤労者世帯。
出所：総務省『家計調査年報』。

者損失に陥っていることなどを反映しているとみられる。ただし，95年～2000年にかけて，30～49歳を除いては消費性向が上昇に転じており，下げ止まった可能性もある。60歳以上の消費性向が相対的に高いという図式は変わっておらず，今後急速な高齢化によって消費性向は上昇に向かう可能性が高いとみられる。

② 国民負担率の推移

今後人口減少と高齢化が同時進行した場合の問題点として，潜在成長力が低下することはすでに述べた。しかし，マクロ経済の成長率が低下しても人口が減少していれば，人口1人あたり所得が減るわけではないので，一見国民生活上の問題はないかにみえる。しかし，社会保障を視野に入れると話は変わってくる。特に，年金は確定給付型であるので，受給者比率が上昇するにつれて現役世代の負担が上昇することになる。したがって，年金改革が必要になるのである。

前回（2002年5月）の長期経済予測では，社会保障制度に手をつけない場合（現状維持ケース），2016年には厚生年金保険料率が24.8%，国民負担率は46.1%まで上昇するとのシミュレーション結果を示した。年金改革を行ない，収支均衡方式へ移行すれば，国民負担率の上昇を抑えることができる。しかし，収支均衡方式とは，給付を下げる代わりに負担を軽くするというものであり，低負担低給付へ移行することを意味する。低負担はよいとして，ここで問題となるのは低給付を国民が受け入れるかである。前回のシミュレーションでは現状維持ケースと比べて厚生年金保険料が15%で固定されるものの，年金給付額は2016年で32.6%も削減されることになる。

国民生活の観点からすると，海外からの移民受け入れ効果は経済成長率の上昇よりもこのような社会保障負担の軽減というかたちで現われる。図16-12は現状維持ケース（外国人労働力横ばい）と外国人労働力受け入れケース（2020年で1,100万人）とで，社会保障収支および一般政府（中央政府＋地方政府＋社会保障）の財政収支がどう変化するかをみたものである（いずれも対名目GDP比）。社会保障収支については，現状維持ケースでは2005年に赤字に転落し，2020年には赤字の対名目GDP比が8.4%に達する。

これに対し，移民受け入れケースでは同比率は2.2%にとどまる上，2018年以降赤字幅はむしろ縮小に向かう。一般政府の赤字も2020年に現状維持ケースでは名目GDPの37%に達するが，移民受け入れケースでは21%にとどまる。年金の給付水準を下げずにかつ，負担上昇を抑えるには移民受け入れがもっとも有効な手段であることをこのシミュレーション結果は示している。

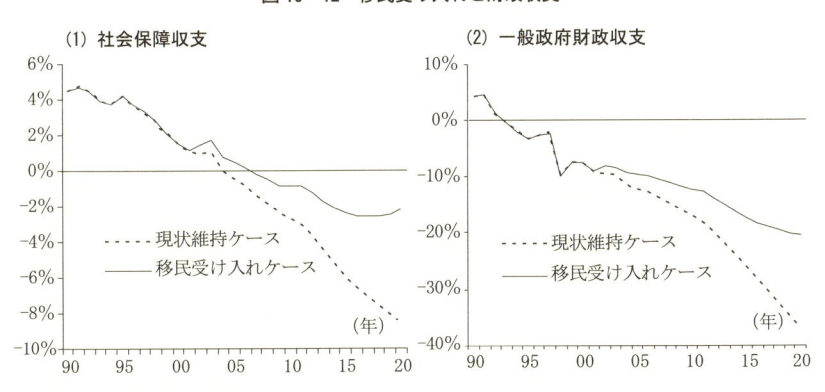

図16-12　移民受け入れと財政収支

(1) 社会保障収支　　　　(2) 一般政府財政収支

注：いずれも対名目GDP比%。
出所：当協会マクロモデルにより試算。

(2) 設備投資の見通し
① 外資導入と資本ストックの見通し

今回の長期予測における資本ストックのシミュレーションの結果が図16-13（実線）に示されている。これは，従来型の投資関数による国内企業のシミュレーションに外資の設備投資（対内直接投資）が年率5%で増加するという想定に基づくものである。外資の導入に関しては，小泉首相を座長とする対内投資会議で対日投資を5年間で倍にするという小泉首相の公約を実現すべく検討を進めている。しかし，外資による日本企業買収へのアレルギーや各自治体が受け入れたい産業（おもに製造業）と進出したい産業（主としてサービス業）のミス・マッチなど立ちはだかる障害も多い。本予測ではこ

のような障害を徐々に除去しつつ外資導入を着実に進める妥当なペースとして、年率5％を想定した。その結果、資本ストックの年平均伸び率は2002年〜2010年が3.1％、2010年〜2020年が1.9％となった。仮に外資の設備投資が横ばいで推移したとすると、上記の資本ストック伸び率は2002年〜2010年が2.7％、2010年〜2020年が0.4％にとどまり、資本ストックのレベルは図16-13の点線に示されている通りとなる。外資による対内投資拡大のメリットは以下の点に集約されよう。まず、デフレギャップ縮小過程では国内企業の投資が期待できないため、外資が投資の牽引役となることが期待される。デフレギャップ縮小後は人口減少によって低下する潜在成長力を引き上げる効果が期待される。

② 資本係数

資本係数とは、実質資本ストック÷実質GDPで示される指標であり、生産要素である資本ストックが生産水準（GDP）に比して過大かどうかを図る目安であると同時に、長期的にどのような産業構造になるか（資本集約型産業中心か労働集約型産業中心か）を反映する。資本係数は図16-14に示

図16-13 実質資本ストックの見通し

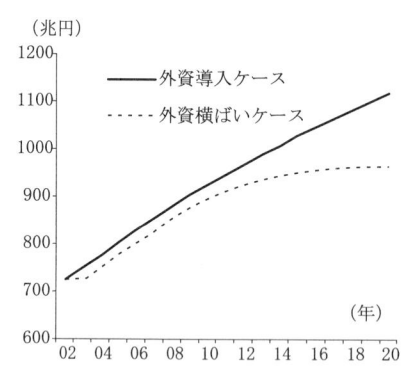

注：外資導入ケースは外資による対内投資が年平均5％拡大するケース。外資横ばいケースは外資による対内投資が2003年以降横ばいで推移するケース。
出所：内閣府、日本政策投資銀行などより当協会試算。

図16-14 資本係数の見通し

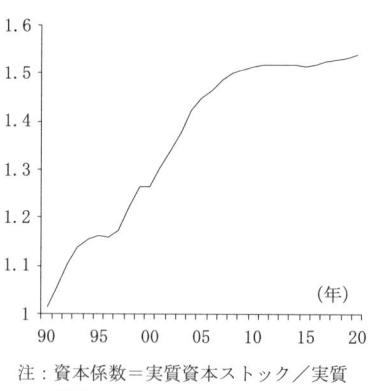

注：資本係数＝実質資本ストック／実質GDP。

されるように現時点では過大な資本ストック（過剰設備）を抱えているため，向こう10年程度は過去のトレンドよりは鈍化する。しかし，その後は外資の資本ストック拡大効果もあり，再び上昇に転じる。

外資導入や外国人労働者受け入れなどにより国内人口減少のマイナスを相殺する努力が予想される一方で，経済全体に占める製造業のシェアは低下し続け，相対的に資本集約型産業のウエートも低下する。したがって，産業構造の面からみても資本係数は鈍化すると予想される。

(3) 為替レート・輸出入の見通し
① 為替レートの見通し

円ドルレートはクリントン政権以来のドル高政策により，長期的な円高トレンドからはずれ，水準としては円安傾向で推移してきた。しかし，ブッシュ政権になり，国内景気の減速などもありドル高路線に変調が訪れる可能性が高まっている。短期的な循環を繰り返しつつも，中期的に円ドルレートは円高局面を迎える可能性が高い。この見方をサポートするデータが購買力平価である。購買力平価には用いる物価指数によって3種類の指標が存在する。すなわち，国内企業物価指数，輸出物価指数，消費者物価指数であり，このうちどの指標を採用するかで，現実の為替レートの評価は全く変わってくる。最近，塩川財務大臣が「購買力平価からみて現在の円ドルレートの水準は行き過ぎた円高である」と発言したが，これは消費者物価ベースの購買力平価を念頭に置いた見方である。ところが，日本の巨額の貿易黒字を考慮すると，実際の円ドルレートの推移からかけ離れた消費者物価ベースの購買力平価を現実の為替レートの評価基準として用いるのは無理がある。

当面は国内企業物価指数ベースと輸出物価指数ベースを上限，下限の目安とすべきであろう。そのような考え方で現在の円ドルレートをみると（図16-15），ほぼ下限（円安よりの限界）にあることがわかる。今後，日本の貿易黒字がすぐには縮小しないこと，米国の為替政策がドル高誘導に戻る可能性が低いことなどから，中期的に円高傾向で推移するとみる。

しかし，長期的視点からみると，いずれ貿易黒字，経常収支黒字が縮小に

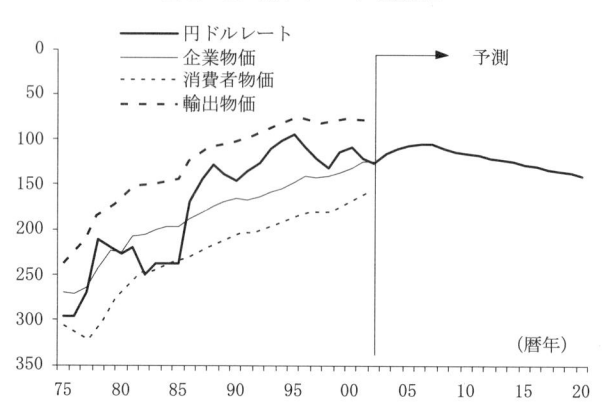

図 16-15　円ドルレートの見通し

[図：円ドルレート、企業物価、消費者物価、輸出物価の推移と予測（1975年～2020年）]

注：企業物価，消費者物価，輸出物価は購買力平価を指す．

転じ，この面からの円高圧力が弱まる．さらに，人口減少にともなう成長率低下が円ドルレートにとっては円安要因として作用する（バラッサ＝サミュエルソン仮説）こともあり，長期的には円安トレンドへと移行しよう．

② 経常収支の見通し

経常収支の見通しは表 16-4 にまとめてある．まず，貿易収支は実質ベースでは 2004 年以降輸入が輸出の伸びを上回るものの，輸出品目が高付加価値製品に特化することから，2010 年まではほぼ横ばいで推移し，高水準の黒字を維持する．サービス収支の赤字が拡大するものの，投資収益収支の黒字に相殺されるため，経常収支は貿易収支同様 2010 年まではほぼ横ばいとなる．しかし，2010 年を過ぎると，移民の受け入れを考慮しても潜在成長力および生産性の低下から貿易収支は縮小に転じ，2020 年には貿易収支，経常収支ともに均衡に近づく．この間，縮小しつつも経常収支黒字が続くため，対外純資産の拡大が続き，投資収益収支の黒字は着実に拡大する．しかし，2020 年に近づくと，フローの黒字が 0 に近づくことから，投資収益黒字の拡大ペースも鈍化する．

表16-4　経常収支の見通し

単位：10億円

項目 \ 暦年			2000	2005	2010	2015	2020
経常収支			12,876 (2.5)	13,523 (2.7)	13,638 (2.4)	9,282 (1.4)	742 (0.1)
	財サービス収支		7,430	5,343	2,689	−3,299	−13,687
		貿易収支	12,563	11,701	11,246	9,366	4,279
		サービス収支	−5,134	−6,358	−8,557	−12,665	−17,965
	投資収益収支		6,506	8,776	10,839	12,565	13,967
	経常移転収支		−1,060	−550	−300	−300	−250

出所：カッコ内は経常収支対名目GDP比％。

(4) まとめ

　デフレ，不良債権，過剰生産能力，財政赤字など当面の日本経済は未曾有の困難から抜け出すことに全力を傾けなければならず，官民ともに長期的視点からの政策発動や企業経営を進めることは難しい。したがって，向こう3年程度は低成長を余儀なくされよう。その後，各方面での調整が進むにつれて，景気も少しずつ上向きに転じる。2005～2010年はそのような移行局面となろう。ただし，2010年まではデフレギャップを抱えているので，設備投資は穏やかな伸びにとどまる。急速な高齢化による消費性向上昇から相対的に個人消費が主導する展開となろう。

　2010年を過ぎると，不良債権処理や過剰生産能力の調整が終了し，デフレからも脱出する。海外からの移民受け入れ（2020年時点で800万人，労働力人口全体の11.1％）により人口減少も軽微なものにとどまるため，無理なく国民負担率の上昇が抑えられる。需給のバランスが改善された日本経済は個人消費と設備投資という民需主導の新たな成長局面に入り，2015年まで2％成長を持続する。その後，2015年～2020年までは潜在成長力低下により実質GDP成長率は1.4％まで低下する。この間，政府部門のウエート低下と輸入浸透度上昇による貿易黒字削減が継続するため，官需と外需の成長への寄与度はマイナスとなる。

表16-5 実質GDP成長率の見通し

(年平均伸率%)

期間	個人消費	住宅投資	設備投資	政府投資	政府消費	輸出	輸入	実質GDP	内需寄与度	外需寄与度
00－05	1.1	▲ 3.4	▲ 0.0	▲ 3.3	1.9	3.3	2.9	0.5	0.3	0.1
05－10	2.5	2.5	2.3	▲ 2.0	0.9	3.1	3.9	2.0	1.9	0.0
10－15	2.6	0.3	3.7	▲ 2.0	1.0	3.4	5.5	2.1	2.3	▲ 0.2
15－20	1.7	0.6	2.6	▲ 0.2	0.8	2.8	4.9	1.4	1.6	▲ 0.3

参考文献

浅子和美・篠原総一編（1997）『入門・日本経済』有斐閣
浅子和美・福田慎一編（2003）『景気循環と景気予測』東京大学出版会
梅田雅信・宇都宮浄人（2003）『経済統計の活用と論点』東洋経済新報社
金森久雄・土志田征一編（1991）『景気の見方』有斐閣
北坂真一（2001）『現代日本経済入門』東洋経済新報社
小巻泰之（2002）『入門経済統計』日本評論社
小峰隆夫（1997）『最新日本経済入門』日本評論社
嶋中雄二・UFJ総合研究所（2003）『実践・景気予測入門』東洋経済新報社
中村洋一（1999）『SNA統計入門』日本経済新聞社
日本経済研究センター編（2000）『経済予測入門』日本経済新聞社
日本経済新聞社（2005）『日経大予測2005年版』
富士総合研究所編（2001）『日本経済これから10年』PHP研究所
正村公宏・山田節夫（2002）『日本経済論』東洋経済新報社
水野和夫（2003）『100年デフレ』日本経済新聞社
唯是康彦（1998）『Excelで学ぶ経済統計入門』東洋経済新報社
東洋経済新報社『統計月報』
東洋経済新報社『経済統計年鑑』
内閣府『海外経済データ』

索　引

ア行

愛知大学　iii
IT　78, 102
アナウンスメント効果　106
アパート　133
e コマース　51, 102
 1 次取得　47
 1 次速報　28
 1 次統計　31, 45, 75
一致系列　23, 25, 130
移動平均　6
　　──値　42
意図した在庫　19
意図せざる在庫　18, 19
イールド・カーブ　114
因果関係　12
インターネット　22, 50, 51, 102
インターバンク市場　73
インフレ　83, 84, 89, 142
　　──期待　89
　　──ギャップ　85, 86
　　──ターゲット　88
　　──ファイター　84
ウオークマン　65
ウォシュレット　65
売上　55, 63
　　──高　62
　　──高経常利益率　62
運転資金　55
運輸　83
　　──収支　72
営業
　　──外収益　55
　　──外費用　55
　　──余剰　40, 64
　　──利益　55, 131

エコノミスト　ii, 32, 89, 137, 147
SI　78
SNA　28
　　──体系　28, 29
FOB　77, 155
M 1　108
M 2　108
M 2 ＋CD　108, 109
円ドルレート　34, 70, 73, 137, 184, 203
オイルショック　84, 88, 179, 189

カ行

外貨準備増減　76
外国
　　──為替市場　70, 72, 73
　　──為替取扱銀行　73
　　──人投資家　138
外債　109
外資系企業　197, 198
外需　157
外部資金　57
化学　78
価格調整　90
拡張期　16
確定給付型　200
家計調査　42, 45
加工組立産業　64, 67, 154
貸し渋り　110
貸出　110, 111
　　──金利　111
　　──約定金利　57, 111, 112, 145, 146
貸しはがし　110
貸家　47, 133
　　──採算指数　133
仮需　71
過剰
　　──雇用　98

索　引

──債務　172, 185
──生産能力　205
──設備　145, 171, 179, 184
──流動性　138
可処分所得　4, 8, 10, 11, 40, 41, 45, 49, 88, 130, 131, 132, 140, 141, 173, 174, 176, 198
仮説　177
──立案　10
寡占　65
加速度償却　145
勝ち組　13, 123
家電販売統計　46
稼働率　145
株価　130, 137
株式　49, 55, 57, 76, 111, 130, 177
──市場　73, 94, 130
貨幣　4
──供給　108
──経済　4, 88
──乗数　109
──の所得流通速度　110
カールソン・パーキン法　89
為替レート　34, 70, 71, 137, 152, 154, 157, 203
関税率　185
完全失業者　99
──数　95
完全失業率　95, 98, 99, 183
機械受注　136, 147, 164
──統計　135
機械投資　135
機関投資家　71, 76
企業サービス価格指数　83
基軸通貨　34
期種　5
規制緩和　12
季節
──調整系列　6, 7, 8
──調整後　42
──調整値　7
基礎消費　10
基礎統計　12
期待
──インフレ率　89, 113
──収益率　182

──成長率　145
キチン・サイクル　17, 19, 20, 21, 23, 164
基本給　141
逆イールド　114
逆輸入　74, 146, 185
──効果　75
逆行列係数　64
キャッシュレス化　108
QE　31, 126, 170
給与住宅　47, 133
供給　21, 22, 45, 54
業況判断 DI　23
銀行　40
──借入　60, 115
──間取引　73
金銭信託　109
金融　i, 100, 108
──市場　107, 115
──機関　40
──業　56, 57
──債　109
──資産　49, 152, 173, 177, 179
──政策　84, 88, 110, 185
──政策決定会合　107
──政策手段　106
──仲介機能　110
──・保険　83
金利　57, 72, 106, 111, 112, 113, 114, 129, 142, 145, 152
──の期間構造　114
空洞化　73, 74, 146, 146, 171, 184
グローバル化　12, 86
慶應義塾大学　ii
景気　i, 10, 12, 16, 17, 18, 19, 21, 22, 32, 72, 84, 120, 122, 129, 130, 132, 140, 143, 146, 152, 157, 162, 170
──ウオッチャー調査　6, 23, 24
──回復　19, 99, 120, 131, 167
──回復局面　32
──基準日付判定会議　25
──後退　19, 120, 167
──指標　i
──循環　16, 20, 21, 22, 56, 86, 120, 121, 122, 171, 175, 181, 185

210　索　引

　　──先行指標　138
　　──動向指数　8, 17, 23, 25, 128, 163, 164
経済
　　──企画庁　28, 102
　　──財政諮問会議　148
　　──産業省　23, 37, 46, 56, 63, 86
　　──成長　12, 54, 75, 102, 188, 189
　　──成長率　7, 21, 73, 152, 189, 200
　　──統計　i, ii, 4, 8, 10, 28
　　──白書　102
　　──予測　ii, 11, 120, 123, 126
経常
　　──移転収支　77, 158
　　──黒字　184
　　──収支　76, 152, 158, 184, 185, 204
　　──収支黒字　186
　　──的経費　147
　　──利益　28, 55, 146, 172
携帯電話　22
経費　62, 63
計量
　　──経済学　i, 10
　　──分析　i, 10, 11, 12, 143
　　──モデル　146
ケインズ型消費関数　4, 10, 11, 40, 130, 140
ケインズ型投資関数　145
月次　5
限界
　　──消費性向　10
　　──生産力　196
　　──普及率　66, 67
減価償却　35, 36, 64
　　──額　147
　　──費　147
研究開発費　131
現金給与総額　41, 140
現金通貨　108
原系列　6, 7, 8
減産　19
現状分析　121
建設
　　──活動指数　56
　　──業　56
　　──投資　135, 136

建築着工統計　47
現地生産　74, 79
現地販売　74
現預金　177
好況　16, 17, 18, 19, 23
鉱業　100
好況期　16
広義流動性　108
好景気　16
合計特殊出生率　191
鉱工業生産　141
　　──指数　23
　　──統計　56
更新投資　21
厚生年金保険料　200
厚生労働省　41, 94
後退期　16
公定歩合　106, 107, 185
公的
　　──固定資本形成　147
　　──在庫投資　148
　　──資金　60, 61
購買力平価　34, 137, 153, 203
後方移動平均　6
公務等活動指数　56
高齢化　49, 192, 199, 200, 205
国債　76, 109, 111, 113
　　──発行残高　113
　　──費　148
国際
　　──金融　i, 76
　　──経済　i
　　──決済銀行　60
国際収支　154
　　──統計　75, 77
　　──発展段階説　158
　　──表　76
国土交通省　47, 56
国内
　　──卸売物価指数　82
　　──企業物価　83, 84
　　──企業物価指数　82, 203
　　──景気　186, 203
　　──総生産　29

索引　211

国民
　——経済計算体系　28
　——経済計算年報　29
　——経済研究協会　ii, iii, 190
　——資産負債勘定　29
　——生活金融公庫　57
　——負担率　199, 200, 205
国立社会保障・人口問題研究所　188, 192
誤差脱漏　76
個人消費　4, 8, 16, 22, 31, 44, 45, 46, 49, 120,
　　　　　123, 130, 132, 140, 162, 173, 174, 175,
　　　　　176, 181, 182, 186, 190, 198, 199, 205
コストプッシュインフレ　84
固定
　——基準年方式　32, 33
　——資産　179, 184
　——相場制　70
　——費　61, 183
コブ＝ダグラス型　195
コマーシャルペーパー　109
コモディティー・フロー法　31
雇用　ii, 91
　——者所得　40, 64, 190
　——者報酬　140, 166
　——代替効果　102, 103
コール市場　107, 111
コール・レート　106, 107, 113

サ行

債券　76
債券現先　109
在庫　18, 19, 20, 120
(財)国民経済研究会　170, 188
財・サービス収支　76, 159
財産所得　40
最終目標　110
最小二乗法　10
財政　i
　——赤字　177, 179, 188, 205
　——収支　148
　——政策　88, 110
債務者損失　58, 91
財務省　75, 152
サービス　100

　——業　56
　——産業　67
　——収支　158, 185, 204
　——輸出　155
　——輸入　157
サーベイデータ　6, 44
残業代　141
産業連関表　29, 63, 64
　——簡易延長表　64
残存者利益　65
三面等価　29
CIF　155
GHQ　70
事業計画　121
事業法人　113
資金循環　40
資金調達能力　143
自己資本比率　60
資産　55
　——運用　113
　——価格　82
　——利子率　113
支出　29, 45
自主流通米　148
市場介入　152
自然失業率　97, 98
自然成長率　188, 190
市中銀行　106
失業率　73, 90, 97, 165
　——統計　95
実質
　——可処分所得　143
　——経済成長率　165
　——国内総生産　195
　——個人消費　140, 142
　——GDP　32, 84, 202
　——GDP成長率　32, 122, 124, 125, 162, 167,
　　　　　　　　　183, 186, 188, 205
　——資本ストック　202
　——住宅投資　144
　——所得　84
　——民間住宅投資　143
実需　70
実証分析　ii

212　索　引

CD　108, 111
GDE　29
GDP　i, 8, 12, 28, 29, 31, 34, 35, 45, 46, 47, 56, 146, 154, 199
　　──ギャップ　85, 87
　　──成長率　88, 123, 167, 170, 171
　　──デフレータ　32, 33, 85, 142
　　──デフレータ上昇率　88
　　──統計　12, 31, 33
　　──の三面等価　ii
自動車　78, 79
　　──産業　64
四半期　5, 28, 31, 44, 45
　　──統計　29
CP　109
資本　55, 85, 167, 182
　　──金　55, 56, 60
　　──係数　180, 202, 203
　　──減耗　179
　　──財　154
　　──収支　76, 77
　　──集約型産業　78, 202, 203
　　──集約型製品　185
　　──主義経済　54
資本ストック　29, 37, 58, 145, 146, 147, 179, 182, 184, 196, 201, 202, 203
　　──調整　171
　　──統計　36
社会資本ストック　147
社会保障　141, 179, 200
　　──給付　140
　　──収支　200
　　──負担　40, 140
借地借家法　175
社債　55, 57, 60, 115
就業構造基本調査　100
収支均衡方式　200
終身雇用　90
　　──制　99
住宅
　　──金融公庫　112, 133, 176
　　──金融公庫金利　142
　　──取得能力　143
　　──ストック　143

　　──投資　46, 47, 129, 133, 142, 143, 144, 146, 174, 175, 186
　　──投資減税　174
　　──投資デフレータ　144
　　──ローン　42, 143, 173, 174, 176, 185, 199
　　──ローン金利　112
　　──ローン減税　47, 143
需給ギャップ　85
ジュグラー・サイクル　20, 21, 147, 166, 170, 181, 185
出生率　191, 192
需要　18, 21, 45, 54
　　──不足失業率　98
　　──予測　11, 121, 123
主要企業短期経済観測（短観）　6, 23
順イールド　114
純現金収支　63, 115
純資本ストック　36, 147
春闘賃上げ率　141
シュンペーターの局面判断　16
商業販売額　163
商業販売統計　46
証券　40
　　──投資　76
　　──投資収益　77
少子高齢化　103, 147, 188, 192
譲渡可能定期預金　111
　　──証書　108
消費　11, 40, 49, 88
　　──関数　ii, 12, 174
　　──財　83, 86
　　──者態度指数　8, 44, 132, 165
　　──者物価　84, 142
　　──者物価指数　82, 142, 203
　　──者物価上昇率　84
　　──性向　4, 8, 40, 41, 42, 130, 132, 140, 141, 173, 176, 183, 184, 198, 199, 200, 205
　　──税率　141, 184, 185
　　──デフレータ　140, 142
　　──動向調査　6, 8, 43
　　──の時間選好　88
　　──マインド　6, 8, 9, 16, 41, 44, 132, 141, 162
賞与　42, 141
将来人口推計　188

索　引　213

除却　36
　　——率　36
　　——額　35
職業安定業務月報　94
所定外給与　41, 42, 140, 141
所定内給与　41, 42, 140, 141
所得　40, 91, 140, 143
　　——格差　44
　　——支出勘定　29
　　——収支　158
　　——税　40, 140
　　——税減税　10, 11, 12
新規求人数　94, 129
新規投資　21
新設住宅着工　129
新規投資　21
シンクタンク　ii, 11, 113, 120, 124
人口　167
　　——普及率　66
人材派遣　97
新車販売台数　46
新設住宅　47
信託銀行　109
新発国債 10 年もの利回り　113
人民元　34
信用
　　——金庫　109
　　——組合　109
　　——乗数　109, 110
　　——創造　110
数量調整　90
スタグフレーション　84
ストック　28, 29
　　——調整　144
　　——型消費　49
　　——調整　58
スーパー　50
スマイルカーブ　67
スムージング・アウト・オペレーション　153
成果報酬　103
税金　40
政策金利　106, 107
政策提言　125
生産　17, 18, 19, 20, 22, 29, 120

　　——営業用設備判断 DI　179
　　——関数　121, 195
　　——技術　67
　　——財　154
　　——性　147, 204
　　——年齢人口　192
　　——能力指数　37
　　——要素　58, 64, 85, 103, 121
成熟債権国　159
製造業　56, 64
政府
　　——系金融機関　112
　　——経済見通し　124
　　——最終消費支出　147
　　——投資　120, 147, 185, 199
　　——流通米　148
世帯普及率　66
設備稼働率　22
設備投資　16, 20, 21, 22, 31, 36, 55, 57, 58, 63,
　　　　　78, 120, 121, 122, 123, 131, 135, 136,
　　　　　144, 145, 147, 162, 164, 170, 182, 183,
　　　　　184, 186, 190, 196, 197, 199, 201, 205
　　——関数　146
説明変数　145
ゼロ金利政策　106, 112, 179
繊維製品　79
先行系列　23, 130
先行指標　ii, 44, 122, 128, 130, 131, 132, 133,
　　　　　135, 136, 137, 140, 147, 164
全国銀行　111
潜在
　　——GDP　85
　　——生産能力　121
　　——成長率　167
　　——成長力　121, 188, 190, 192, 193, 196, 197,
　　　　　　198, 202, 204, 205
全産業活動指数　56
総供給表　86
創業者利益　65, 67
操作目標　109
増産　19
増資　60
総資本営業利益率　180
装置産業　78

214　索　引

総務省　42, 45, 95, 100
粗資本ストック　147
ソニー　65
ソリューションビジネス　67
損益計算書　55, 60
損益分岐点　61, 62
　　──比率　61, 62

タ行

第1次産業　100
対外純資産　160, 204
対外直接投資　160
耐久消費財　8, 9, 22, 45, 46, 66, 88, 132, 143, 175
　　──ストック　29
第3次産業　100
　　──活動指数　56
貸借対照表　55, 60
対内直接投資　201
第2次産業　100
代理店　136
target wealth　177
達成率　136
WTO　185
単価　155, 157
段階的接近法　121, 123
短期　20
　　──金利　113, 114
　　──経済予測　121, 162
短資会社　73, 106
地価　82, 143
遅行系列　23
遅行指標　99
知識集約型産業　78
地方単独事業　148
中央移動平均　7
中央政府　113
中間
　　──投入　64
　　──マージン　82, 83
　　──目標　109, 110
中期経済予測　170
中期財政展望　148
中小企業　57

中央銀行　106
長期金利　113, 114
長期経済予測　188, 200
超低金利政策　112
直接税　40, 140
直接投資　73, 74, 75, 76, 145, 154, 197
　　──収益　77
　　──届出統計　75
貯蓄　16, 40, 45, 49, 88
賃貸マンション　133
通関統計　154
通関貿易統計　77
通信　83
通知預金　108
定期
　　──給与　42
　　──性預金　108
　　──積金　108
ディスカレッジド・ワーカー　97, 99, 183
t 値　146
鉄鋼　64, 78, 79
デフレ　32, 58, 62, 83, 84, 86, 87, 88, 89, 91, 115, 142, 179, 180, 181, 183, 184, 186, 188, 189, 199, 205
　　──期待　89
　　──ギャップ　85, 86, 87, 147, 167, 186, 202, 205
　　──スパイラル　89
　　──の慣性　89
デベロッパー　47, 133, 134
手元流動性　115
電気機械　78
電子部品　79
投機　71
東京証券取引所　72, 113, 130
東京スター銀行　112
当座性預金　108
当座預金　108
投資
　　──関数　ii, 12, 57, 201
　　──財出荷　163
　　──収益収支　159, 204
　　──信託　109
　　──的経費　147

索　引　215

――の二面性　22
――マインド　6, 16
東証株価指数　130
独占　65
特別給与　42, 140, 141
独立消費　22
独立投資　145
都市銀行金利　142
TOTO　65
TOPIX　138
トヨタ　79, 112
ドル建て輸出　152

ナ行

内外金利差　152
内閣府　6, 7, 8, 23, 24, 28, 29, 35, 36, 43, 57, 102, 132, 190
ナノテク　78
二局面法　16
ニクソンショック　70
2次速報　28, 31
2次統計　45
日銀　106, 107, 113
日次データ　107
日米貿易収支　137
ニート　96
日本
――銀行　6, 23, 24, 28, 57, 61, 82, 84, 106, 109
――経済新聞　12, 115
――自動車販売協会連合会　45
――電気大型店協会　46
――の将来推計人口　190, 191, 193
年金　49
――信託　109
年功序列賃金　103
年次経済報告　102
年度　5, 28, 31
納税準備預金　108
能力増強投資　135
農林
――漁業　100
――水産業　56
――水産省　56

農林水産生産指数　56

ハ行

バイオ　78
ハイパワード・マネー　109
派生的預金　110
パート　97
バブル　189
――崩壊　91
バラッサ＝サミュエルソン仮説　152, 204
バランスシート　111, 176, 185, 186
――調整　171
ハローワーク　94
半導体　79
販売　18, 19, 45
BIS規制　60, 110
ビジネスチャンス　19, 102, 112
ヒストリカルDI　23, 25
非製造業　64
日立総合計画研究所　ii, iii
百貨店　50
――売上　28
vintage　147, 171, 179, 182, 184
fact finding　12
フィリップスカーブ　ii, 90, 102
forward looking　8
普及率　50, 66
不況　16, 17, 18, 19, 23
――期　16
複式簿記　76
不景気　16
符号条件　146
負債　55, 60, 113
――整理　180, 181
――利子率　113
普通預金　108
物価　ii, 72, 82, 84, 85, 186
――上昇率　84, 90
――連動債　113
物々交換制度　88
部品産業　79
プライマリー・バランス　148
フリーキャッシュフロー　63, 180
フリーター　96

216　索　引

不良債権　188, 189, 205
　——処理　183, 184, 186, 205
　——問題　91, 110, 112, 171, 172
フロー　28, 29, 91
ブローカー　73
分譲住宅　47, 133
分配　29
平均消費性向　42, 165
平残　28
別段預金　108
Velocity　110
変動相場制　34, 70, 153
変動費　61
貿易　28
　——黒字　71, 72, 74, 76, 184, 203
　——収支　71, 72, 74, 152, 157, 158, 184, 204
　——摩擦　73, 74, 79
法人
　——企業統計季報　56
　——企業動向調査　57
　——税　140
保険　40, 100
補助事業　148
ポートフォリオ　177
ボーナス　6, 42
　——一括払い　42
本源的預金　110
ホンダ　65

マ行

毎月勤労統計　41
マクロ経済学　i, ii, 97
負け組　13, 123
摩擦的失業　182
末残　28
マネー・サプライ　28, 29, 106, 108, 109, 110, 137
マネーセンターバンク　60
マネタリー・ベース　109
マンション契約率　133
ミクロ経済学　i
未成熟債権国　159
ミッチェルの局面判断　16
みなし計算　46

民間企業資本ストック　35
民間金融機関　112
無借金経営　115
無償援助　77
名目
　——個人消費　6, 140, 142
　——GDP　31, 32, 34, 110, 113, 201
　——GDP成長率　88, 124
　——住宅投資　144
持家　47, 133
　——の帰属家賃　46
モデル　137

ヤ行

有意　146
有形固定資産　35
有効
　——求職者数　94
　——求人数　94, 129
　——求人倍率　94, 95
　——需要　110
郵便局　40
郵便貯金　109
有利子負債　58, 115
輸出　22, 122, 123, 183, 185, 186, 199, 204
　——代替効果　75, 79
　——拡大効果　74, 75
　——金額　155
　——数量　155
　——代替　74, 185
　——転換率　155
　——入　120
　——物価指数　156, 203
輸入　186, 204
　——価格指数　159
　——金額　157
　——浸透度　86, 87, 186, 205
　——数量　157
　——転換率　155
　——物価指数　159
UV分析　97
要素代替　147, 182, 197
預金　110
　——金利　111, 112

預貯金　49
予備的貯蓄　177, 179
四局面法　16

ラ行

ライフサイクル仮説　49
ラグ　9, 12
ラスパイレス指数　142, 159
ラチェット効果　132, 175, 183
利益　55
リカーシブ・リグレッション　171
リストラ　91, 96, 183
リース・レンタル　83
リフォーム　47
　——市場　47
流通業界　102
流通利回り　113
流動性　108
理論モデル　10, 12, 57

暦年　5, 28
連鎖方式　33, 34, 142
労働　85, 167, 182
　——市場　94
　——集約型産業　78, 202
　——集約型製品　185
　——集約的産業　100
　——生産性　198
　——分配率　62, 131, 181, 183, 186
　——力人口　95, 99, 190, 192, 193, 194, 195,
　　　196, 197, 198
　——力調査　95, 99
　——力率　192, 194, 196
ロジスティック・カーブ　66
ローレンツ曲線　44

ワ行

ワークシェアリング　90, 194
早稲田大学　ii

著者略歴

小林慎哉（こばやししんや）

- 1963年東京に生まれる
- 1986年3月　埼玉大学教養学部卒業
　　　　　　　証券会社勤務を経て
- 1990年3月　早稲田大学大学院経済学研究科修士課程修了
- 1990年〜日立総合計画研究所（副主任研究員），国民経済研究協会
　　　　　（主任研究員）などを経て，
- 2003年4月　愛知大学経済学部　助教授（計量経済学ほか担当）
　　現在に至る
　　この間，専修大学大学院客員教授，学習院大学，獨協大学，武蔵工業大学非常勤講師を歴任

経済統計で学ぶ景気の見方と経済予測

2005年9月30日　第1版第1刷発行　　　　　　　　検印省略
2009年3月30日　第1版第4刷発行

　　　著　者　　小　林　慎　哉

　　　発行者　　前　野　　　弘

　　　　　　　　東京都新宿区早稲田鶴巻町533
　　　発行所　　株式会社　文　眞　堂
　　　　　　　　電話　03（3202）8480
　　　　　　　　FAX　03（3203）2638
　　　　　　　　http://www.bunshin-do.co.jp
　　　　　　　　郵便番号(162-0041)　振替00120-2-96437

印刷・モリモト印刷　　製本・廣瀬製本所
© 2005
定価はカバー裏に表示してあります
ISBN978-4-8309-4526-7　C3033